JN203988

天皇はなぜ紙幣に描かれないのか

教科書が教えてくれない日本史の謎30

三上喜孝
国立歴史民俗博物館教授

小学館

もくじ

天皇はなぜ紙幣に描かれないのか
――教科書が教えてくれない日本史の謎30

第二章　時空を越えて、歴史は再生産される……95

凡例

・年号は和暦を基本とし、適宜、（ ）で西暦を補った。ただし、平成については、西暦のみとした。
・本文は、原則として常用漢字、現代仮名遣いによった。
・引用史料は、読みやすさを考慮し、原則として常用漢字に改め、句読点を補った。
・参考文献は、巻末にまとめた。
・写真使用につきましては十分な注意を払いましたが、なにかお気づきの点などございましたら、編集部までご連絡ください。

前口上——本書の読み方

学校で習う歴史や教科書に書かれている歴史は、政治の流れや権力の移り変わりを中心に語られることが多い。そこに登場する人物も、歴史の表舞台で活躍した英雄や政治家、宗教家や文化人といった有名人ばかりである。歴史は、あたかもそのような人たちによってつくられたかのように錯覚してしまいがちである。

しかし実際はそうではない。歴史とは、一部の権力者たちによる物語などではなく、無数の人びとによって紡(つむ)がれてきた豊かで多様な時間の集合体なのだ。そう考えてみると、歴史を考えるヒントというのは、あらゆるところにひそんでいるといえる。いま生きている社会や自分自身の暮らしを見つめ直すこともまた、歴史を考えるための大きなヒントなのである。

私は歴史を勉強するようになって、いつのころからか、そんなことを考えるようになり、政治の歴史や権力者の歴史とは対極にある歴史を描いてみたい、と思うようになった。だが実際のところ、その作業はとても難しい。歴史を知るための古文書や記録は、その多くが、当時の権力者たちがみずからの正当性を主張するために残したものだからである。

しかし、「たまたま」「はからずも」残った史料、というものもある。たとえば、保管する必要がなくゴミとして捨てられた木簡（もっかん）が、たまたま発掘調査で出土し、そこから、紙の記録からだけではわからない多様な情報が読み取れることもある。ただし、それらは断片的な内容のものばかりで、そこから歴史像を描き出すのはなかなか骨の折れる作業である。

私はいつのころからか、そうした断片的な史料から、歴史の表舞台にあらわれない過去の人びとの思いを探るという手法に、のめり込んでしまった。そして、そうした細かな史料にこだわればこだわるほど、その当時の社会の本質を垣間見る（かいま）ことができるのではないか、と思うようになっていった。「歴史は細部に宿る」という思いを強くしたのである。

本書は、日本の歴史を通史的に述べたものでもなければ、特定の政治史について分析を加えたものでも、天下国家を論じたものでもない。対象とする時代もテーマもバラバラである。ただ一貫しているのは、「細かいところにこだわることで、歴史の見方が変わってくる」という、歴史の考え方を目ざしていることである。私がこれまで実際に体験したことや、考えてきたことをもとに、一風変わった歴史の考え方を提示したいと思う。

本書は大きく三つの章からなる。まず第一章は、「たまたま」「はからずも」残った断片的な史料の解読調査を通じて、私たちの生活や暮らしに密着した歴史を描くことを試みたものである。わずかに残った文字の断片から、過去に生きた人びとのしたたかさや社会の大きなうねりを感じてもらえればと思う。

第二章は、過去の歴史、とくに古代の歴史が、近代以降になって、その時代の文脈に合わせて再生産されることについて、具体的な事例をあげながら考えてみたものである。歴史に対する見方は、のちの時代に生きた人びとによって都合よく解釈されることが多い。私たちがよく知っている歴史の学説についても、よくよくたどってみると「時代の産物」だったりすることもある。私たちはそのことについて、自覚的であるべきではないだろうか。

第三章は、二〇一一年の東日本大震災以降、にわかに注目されるようになった自然と人間とのかかわりの歴史について述べたものである。もちろんこうした切り口からの歴史は、いまでは多くの研究者により語られているが、ここでは私の調査体験にもとづき、自然現象と人びとの意識のかかわり、という問題に焦点を当てたいと思う。

この三つの章はいずれも、この一〇年ほどの間に、私が調査にかかわったり考えたりしたことを述べたものであり、いわば私自身の「体験的歴史学」というべきものである。一つひとつのエピソードは、一部連作の形はとっているものの、基本的には一話完結であり、時間のあるときに拾い読みをすることも可能である。ときに、微に入り細をうがった記述に辟易（へきえき）されるかもしれないが、けっして晦渋（かいじゅう）な本ではないので、どうか最後までおつきあいいただきたい。

歴史断片心

第一章 歴史の断片から、いにしえ人の暮らしと心をよむ

武田信玄ゆかりの地で発見した「石」の謎

武田信玄ゆかりの「黒川金山」で遭遇したもの

私の専攻は日本古代史である。だが、ここ最近は時代にとらわれず、断片的な文字資料を解読調査する機会が増えた。

もともとは、地下から発掘される木簡（もっかん）や漆紙（うるしがみ）文書、墨書（ぼくしょ）土器といった、墨書資料を解読することを自分のなかの主たる研究テーマとしていた。しかしそれとて、最初からそのテーマを志していたわけではなく、なんとなく、引き寄せられるかのようにその道に進んでしまったのである。

なぜ私は、古い文字を解読するという迷宮に入り込んでしまったのか。

その原体験をたどると、どうやら大学生のときの体験に行き着く。

大学に入学し、考古学研究会というサークルに入った私は、大学一年と二年の夏休みに、山梨県塩山（えんざん）市（現、甲州市）の黒川金山（くろかわきんざん）の学術調査に参加することになった。一九八八年、八九年のことである。

軽い気持ちで参加した調査だったが、それがとんでもないことだったと気づくには、時間がかからなかった。初日、塩山駅を降りて、そこから車に乗せられ、山道を延々と登っていき、「あそこが私たちのベースキャンプですよ」と、山深い場所にある小さな山小屋を指さして教えられたときには、もう引き返せない状況におかれていたのである。

黒川金山とは、甲斐国を治めた戦国大名武田信玄（たけだしんげん）の隠し金山といわれた金山遺跡である。武田信玄は、領国である甲斐国内の金山の開発に力を入れ、採掘された金をもとに、貨幣制度を整備した。いわゆる甲州金と呼ばれるものがそれである。のちに江戸幕府は、甲州金を範として幕府の貨幣制度を整備したといわれる。

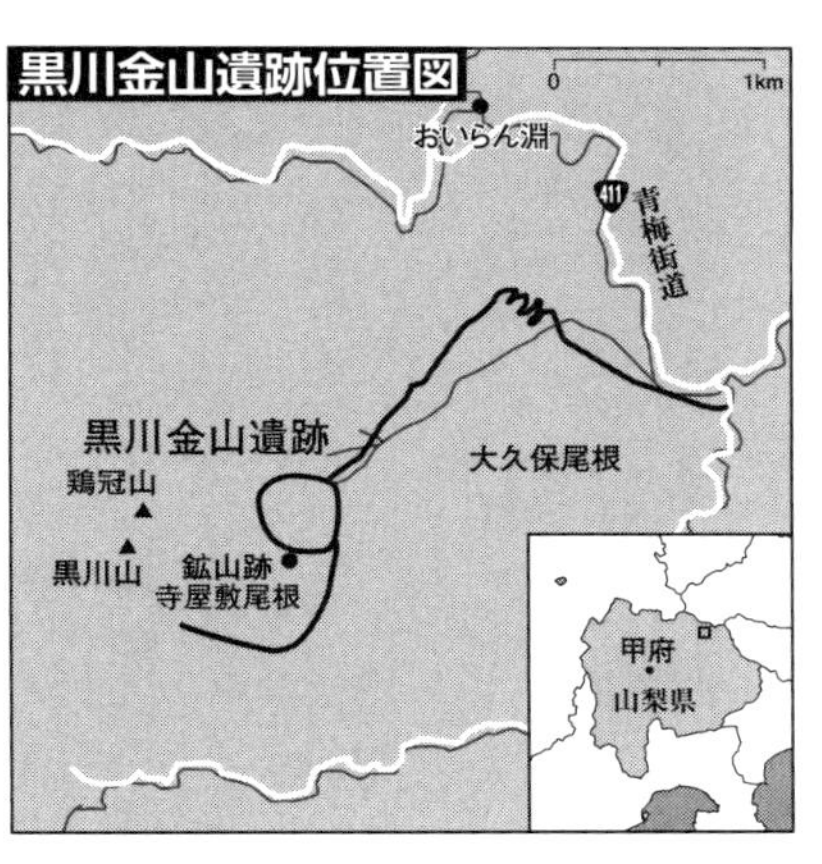

さて、隠し金山のいわれのとおり、黒川金山遺跡は多摩川の水源近くの山奥深くに存在していた。私たちは山の中にテントを張り、そこから毎日片道三〇分もの山道を登ったところの発掘現場へ行き、一か月近く調査を行った。電気もガスも水道もない、過酷な現場であった。発掘調査も初めての経験だが、山中でのテント生活も初めての経験である。上は博士課程の大学院生から、下は大学一年生まで、共同生活をしながらの発掘調査だった。

黒川金山遺跡は、鶏冠山（けいかんざん）という山の一帯に広がる標高一三五〇メートルから一四〇〇メートルに位置する遺跡である。そこには、金の採掘のために集められた金山労働者たちの生活の場が広がっており、彼らの生活の場は黒川千軒と呼ばれていた。「千軒」と呼ばれるがごとく、いまから四〇〇年ほど前には、この山奥に賑（にぎ）やかな鉱山町が広がっていたのである。

効率的に調査を進めるためには、グループごとに発掘現場の担当を決める必要がある。私たちのサークルが担当した発掘現場は、黒川千軒そのものではなく、そこからやや離れた同じ山の中腹にある「寺屋敷」と伝承されている平場だった。

金山での採掘が過酷な労働であったことは想像に難くなく、多くの犠牲者が出たであろうことも容易に想像できる。つねに危険と隣り合わせの金山労働者たちにとって、信仰の対象や弔（とむら）いの場として、寺の存在は必要不可欠なものだったろう。

「寺屋敷」と伝承されていたくらいだから、なにか寺院らしきものがここに存在したのではないかと期待は膨（ふく）らんだが、調査期間が限られていたこともあり、残念ながらそれらしき建物跡を発見することはできなかった。その代わり、発掘していくと、江戸時代のものと思われる、お経の一文字が書かれた、石を積み上げた礫石経塚（れきせききょうづか）が発見された。

礫石経塚とは、手のひらにのるくらいの小さな石に、墨で経典の一字を書き、それを塚状に積み上げたものである。礫石経は一字一石経（いちじいっせききょう）ともいう。経典に使われている文字を一字書くことが、功（く）

徳につながるのであろう。

もともと経塚とは、平安時代中期の末法思想の流行にともない、釈迦の教えを後世に残すためにつくられたものだった。

末法思想とは、釈迦の教えが時代を経るにつれてしだいに失われていき、ついには修行も悟りも得られなくなる末法の世に至るという仏教の歴史観のことをいう。日本では、平安時代の永承七年（一〇五二）が末法元年と考えられ、このころから盛んに経塚がつくられるようになった。

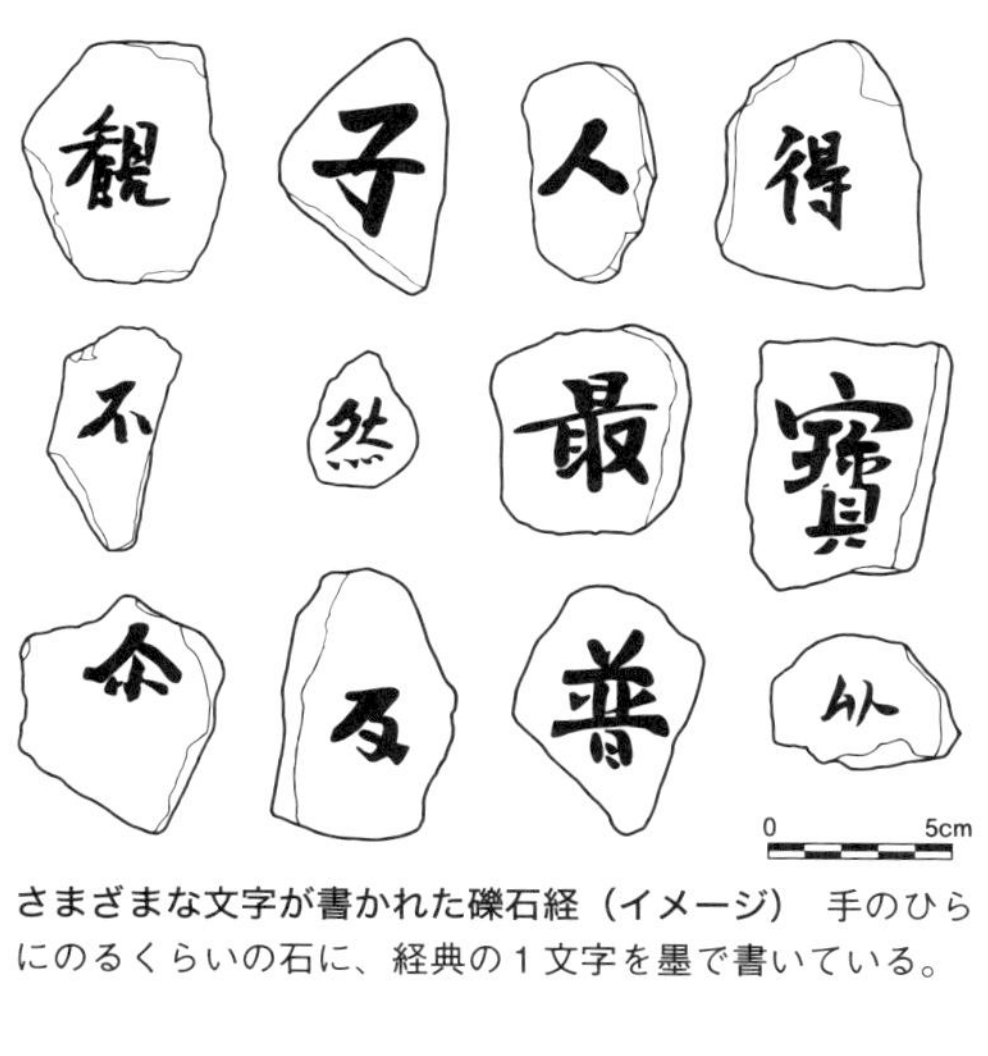

さまざまな文字が書かれた礫石経（イメージ）　手のひらにのるくらいの石に、経典の１文字を墨で書いている。

経塚とは、紙の経典を巻物の形にして銅製や陶製の経筒に収め、霊験あらたかな山の上に埋めたものをいう。釈迦の入滅後、五六億七〇〇〇万年後に弥勒があらわれ、悟りを開き、人びとを救済すると考えられており、それまでの間、釈迦の教えを保存しておく必要があることから、経典を地中に埋めるという行為がなされたのである。いってみれば仏の教えを未来に伝えるための「タイムカプセル」が、経塚なのである。

年代のわかる最古の経塚が、平安時代の貴族藤原道長（ふじわらのみちなが）が寛弘（かんこう）四年（一〇〇七）に造営した金峯山（きんぷせん）経塚である。現在の奈良県吉野郡天川村（てんかわむら）の大峰山山上ヶ岳（おおみねさんさんじょうがたけ）は「金峯山」と呼ばれ、その頂上に経塚がつくられたのである。標高一七一九メートルの険しい山道を道長自身が登り、お経を入れた経筒を頂上に埋納した様子は、彼自身の日記である『御堂関白記（みどうかんぱくき）』にも記されている。金峯山からは道長がそのときに埋納した銅製経筒が見つかっており、国宝に指定され、現在京都国立博物館に寄託されている。

江戸時代になると、追善供養などの目的で、手軽な石に経典の字を一字ずつ墨書して塚を築くという礫石経塚が全国各地でつくられるようになり、経塚は様変わりする。庶民の信仰のひとつとして変化するのである。

礫石経塚に書かれた文字の正体

話を、大学時代の調査にもどす。

黒川金山遺跡の「寺屋敷」地区から見つかった礫石経塚が、どのような目的でつくられたのか。過酷な労働の末に犠牲になった金山労働者たちを供養するためにつくられたのだろうか、と想像をめぐらせたくなるが、残念ながら、はっきりしたことはわからない。しかし、おびただしい数の経石は、そうした想像をかき立てるに十分な資料であった。

礫石経塚の遺物は、そのすべてが礫石経である。つまり単なる「手のひらサイズの石」である。それが何万個と積み上げられているのである。推定で五万個くらいはあるだろう。それらを一つひとつ地点を確認しながら取り上げ、取り上げた遺物を山からベースキャンプへと運び出す作業を毎日くり返す。毎日、石を何百個も担いで山を下りることになる。結局、夏休みの調査期間内にすべての遺物を取り上げることはできず、経塚全体の四分の一程度の一万三〇〇〇個ほどを取り上げるにとどまった。

東京の大学に戻り、今度はその分析作業にとりかかる。石にどんな文字が書かれているかを一点一点観察する。たいていは「仏」「法」「是」「世」「念」「無」といった、経典に頻出する文字が書かれている。これらの文字がどのくらいの頻度であらわれているか、などを統計的に処理する。気の遠くなるような作業だ。

ところが、運び出した礫石経のなかで、一点、他と違うものがあった。他の石に比べて、やや大きめの石に、一字ではなく、複数の文字が書かれている。いわゆる「多字一石経」である。欠けている部分もあるが、一面に「為利□　□□自□　衒賣女色　如是之人皆」、もう一面に「勿□険種種□□戯　盡勿親近」とある（□は判読不明部分）。

これはひょっとすると、経典の一部を抜き書きしたものかもしれない。もしそうだとすると、この経石の出典を明らかにすることができるはずだ。

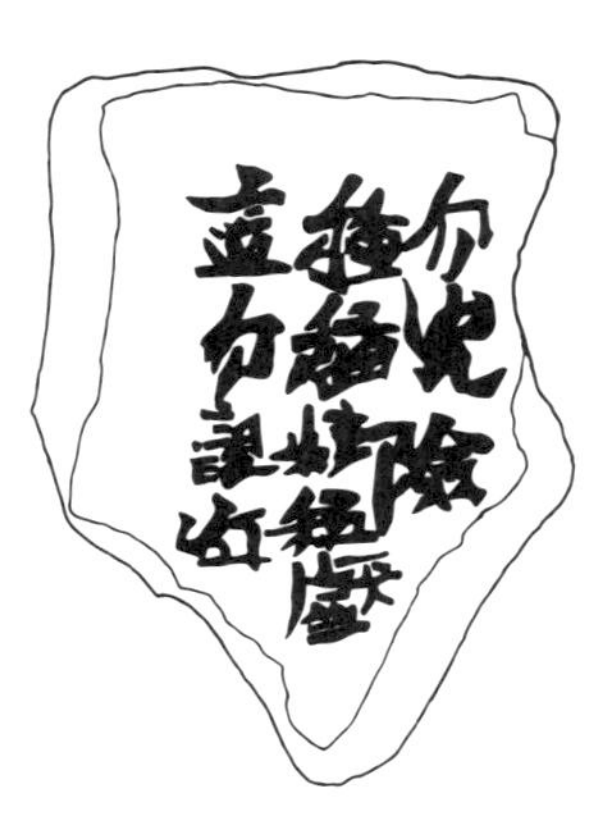

「勿□險　種種□□戲　盡勿親近」と書かれた礫石経（イメージ）　法華経の一節を書いている。こちらの面は後半部分。

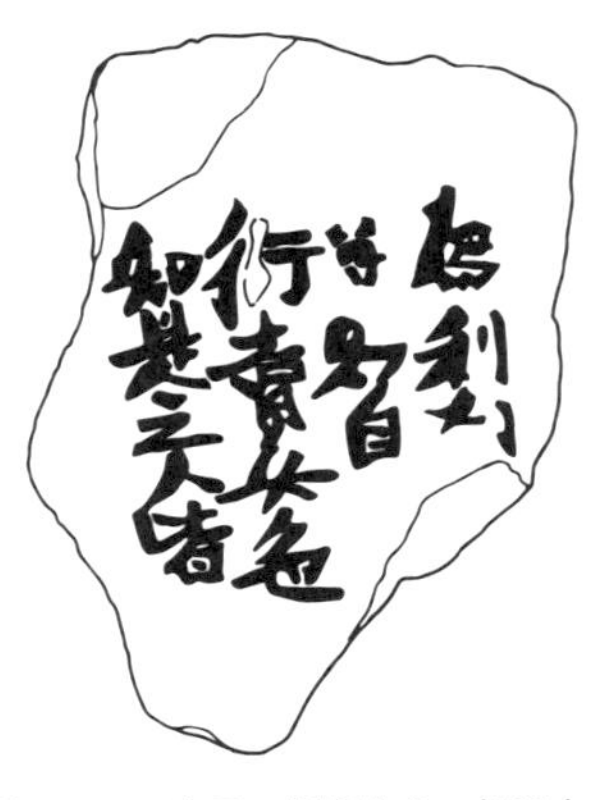

「為利□　□□自□　衒賣女色　如是之人皆」と書かれた礫石経（イメージ）　法華経の一節を書いている。こちらの面は前半部分。

誰かが『法華経（ほけきょう）』あたりの一節じゃないか、と言い出した。私はさっそく本屋で岩波文庫の『法華経』全三巻を買い、最初からめくってみた。すると、『法華経』巻第五、安楽行品（あんらくぎょうほん）第十四のなかに、次のような一文を見つけた。

為利殺害　販肉自活　衒賣女色　如是之人
皆勿親近　凶險相撲　種種嬉戲　諸淫女等
盡勿親近

（利のために殺害する者、肉を販（う）って自活し、女色を衒賣（てらいう）る、かくの如きの人に、皆、親近することなかれ。凶険の相撲と、種種の嬉戯（たわむれ）と、もろもろの淫女らとに、ことごとく親近することなかれ）

これは経石の文字とほぼ一致しているではない

か！　これを見つけたときは、思わず身震いしてしまった。

インターネットが普及しているいまなら、経典がデータベース化されているので、検索をかければすぐに見つかるのかもしれない。それに、一字一石経に書かれるお経は、じつは大半が『法華経』なのである。

だが、これはもう四半世紀以上前の話。当時は本をめくって探すよりほかに方法がなかったのである。しかもいまにして思えば、考古学についてズブの素人である大学生によって試行錯誤の末に編み出された調査方法にすぎず、思い出すたびに顔から火が出る思いである。

このときの解読体験が、いまの私の原点である。いま私が取り組んでいる文字解読の仕事は、そのときに体験したことと基本的には変わらない。断片的に残っている文字を、他の史料と照らし合わせながらその全体像を復元していく、という仕事である。大学生のときにかかった「呪い」がいまも解けぬまま、私を縛りつけているような気がしてならないのだ。

一字一石経の解読も、これからお話しする落書きや木簡の解読も、過去の人が大切にしていた暮らしや信仰や肉声を読み解こうとする行為に変わりはない。過去に生きた人たちの心の世界に近づくことができる分、他人の心の中をのぞき込むような気がして、少し後ろめたい気持ちになることがある。しかし同時にそれは、私を解読にかりたてる原動力にもなっているから不思議である。

江戸時代に書かれた「落書き」は、いったい何を意味するのか

「江戸時代の落書き」との出会い

「江戸時代の落書きを解読してほしいんです」

「江戸時代の落書き、ですか？」

山形県天童市在住の考古学者、川崎利夫さんから仕事の依頼があったのは、二〇〇七年のことだった。

「天童市に若松寺（じゃくしょうじ）というお寺があります。奈良時代に行基（ぎょうき）が開基したという伝承があって、江戸時代には最上（もがみ）三十三観音の第一番札所にもなりました。そこに重要文化財に指定されている観音堂があるのですが、観音堂の内部の板壁に、江戸時代の庶民が書いたと思われる落書きが無数に残っているのです。二〇〇八年は、若松寺開基一三〇〇年の記念の年なので、この機会にぜひ悉皆（しっかい）調査をしてみたいのです」と川崎さんが続けた。

このとき私は、地元の山形大学で歴史学担当の教員をしていた。大学では日本古代史を専攻して

いて、江戸時代の史料など、ほとんど読んだことがない。しかも、落書きを解読するなどというのは初めてである。そもそも私は、「くずし字」というのが苦手なのである。自分には荷が重すぎる仕事である。

この仕事を引き受けるかどうか逡巡（しゅんじゅん）していたが、決め手になったのは川崎さんの次の言葉だった。

「以前、網野善彦（あみのよしひこ）さんを若松寺にご案内したことがあります。そのとき網野さんは時間を忘れるくらい、じつに興味深そうに落書きをご覧になっていましたよ」

中世史家の網野善彦さんは、「百姓＝農民」とか「年貢＝米」といったそれまでの日本史の常識を疑い、さまざまな生業（なりわい）に携わる民衆の姿に光を当て、日本史の見方を大きく変えた歴史学者であった。その網野さんが面白いと思ったというのなら、きっと面白い資料に違いない。大物の名前につられてしまった私は、この仕事を引き受けることにしたのである。

そしてこの仕事がきっかけで、私は過去の人びとが書いた落書きの世界に、どっぷりとはまり込んでいく。

若松寺観音堂（重要文化財、山形県天童市）「若松観音」の名で親しまれる古刹。静かな林のなかにたたずんでいる。

若松寺の歴史

山形県天童市の若松寺は、寺伝によれば和銅元年（七〇八）、行基によって開山されたとされる古刹である。平安時代には慈覚大師円仁が再興したとされ、天台宗の寺院となった。

戦国時代の乱世を経てこの地域を平定した最上義光は、領内の寺社の保護にあたった。若松寺もそのひとつである。記録によれば、慶長一六年（一六一一）に若松寺観音堂の大修理が完成したという。観音堂はその後も基本的には慶長一六年に大修理した際の形式をとどめ、昭和三八年（一九六三）に国の重要文化財に指定された。つまり、慶長一六年以降の落書きが、観音堂とともに伝えられたのである。

江戸時代の落書きの存在は、古くから一部の研究者に注目されてはいたが、その全貌は必ずしも明らかではなかった。今回は、悉皆調査、つまり、堂内にあるすべての落書きを漏らさず調査するという方針である。いったい堂内にどれくらい落書きがあるのか、想像もつかない。

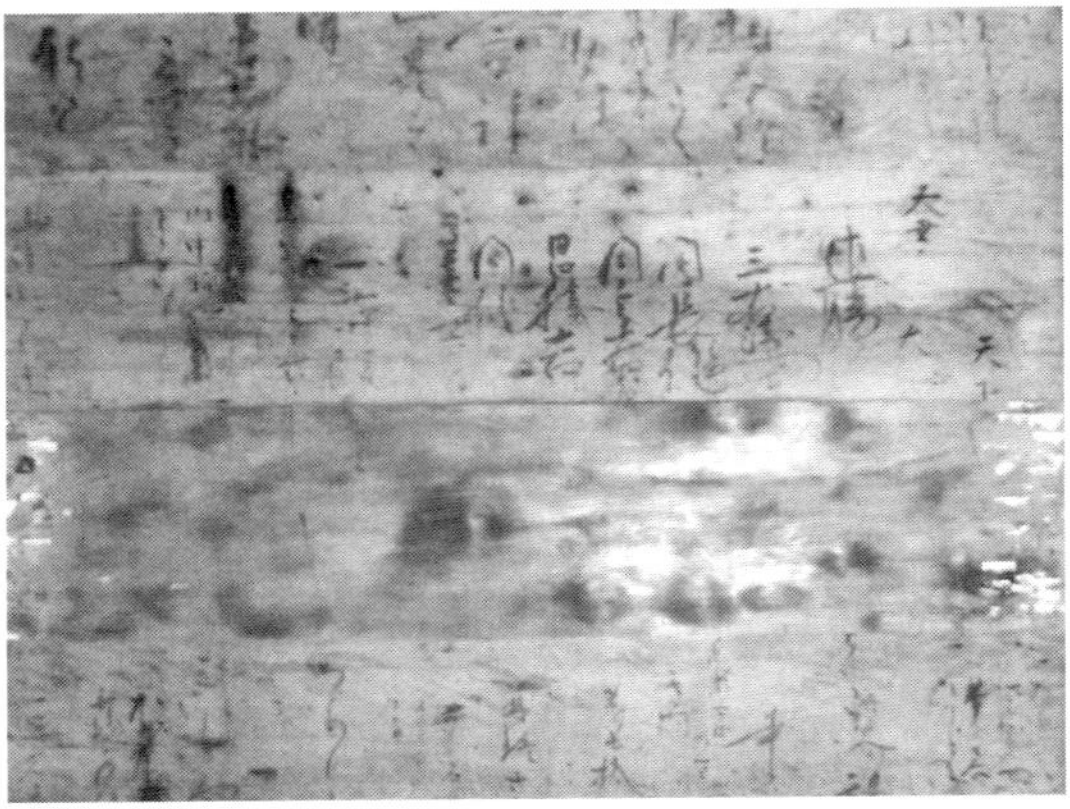

若松寺内陣の落書き　観音堂の板壁や柱には、おびただしい数の落書きが残されている。江戸時代初期のものである。

観音堂の内部は、日中でも暗い。だが板壁や柱に光を当てると、おびただしい数の落書きが残されていることが見てとれた。そのすべては墨と筆で書かれたもので、一見して古そうなものばかりである。

堂内の板壁や柱だけではない。屋根裏に上がってみると、慶長一六年の大修理の際に大工たちが書いた墨書（ぼくしょ）がたくさん残っていた。これは、慶長一六年にどのような改修工事が行われていたかを知る手がかりとなる。

さっそく調査チームが組まれた。落書きはすべて赤外線写真を撮ることになった。赤外線を当てて撮影することにより、肉眼ではくすんで見える墨文字が、鮮やかに映し出されることがある。これは心強い味方である。こうして解読作業がはじまった。

「かたみかたみ」が意味するもの

観音堂に書かれた落書きは、大きくふたつに分類される。ひとつは、修理にかかわった大工の落書き、もうひとつは、観音堂に参詣に来た人たちによる落書きである。

大工たちによる落書きは、もっぱら屋根裏の大きな梁（はり）や柱などに残っている。

のへさわ（延沢）住人　左藤ひこ二郎　かたみかたみ　慶長十六年六月十日

というように、自分の住所・名前と、それを書いた日付を書き残しているパターンが多い。彼らは、屋根裏という「見えないところ」に、自分たちの存在を主張していたのである。そこには、「俺たちがこの観音堂を修理した」というひそかな誇りが感じられるような気がしてならない。

参詣者たちの落書きは、堂内の板壁や柱などに残っている。たいていは、自分の住所と名前と、訪れた日付などが書かれており、場合によっては年齢を書く場合もある。

慶長拾九年六月十九日気仙郷住人金の雄作かたみかたみ　（鶴岡市・正善院黄金堂）

といった具合である。いまでいえば、「〇〇参上！」と落書きするようなものだろう。

若松寺観音堂の場合、訪れた人たちの日付を見ると、慶長年間、つまり江戸時代の初めくらいのものがほとんどで、それ以降の落書きというのがあまりなかった。慶長一六年に大修理が終わったあとほどなくして訪れた人たちにより、集中的に落書きがされたらしい。他の地域の寺でも同様の傾向があり、一六世紀後半から一七世紀前半という時期に、なぜか全国的に落書きが流行（はや）っていたようである。

そして、もうひとつ共通しているのが、「かたみかたみ」というフレーズが、自分の名前のあとに書かれているということである。まるで呪文のように、「かたみかたみ」という言葉があちこちに書かれているのである。この「かたみかたみ」というフレーズも、全国の寺社に残る一六世紀後半から一七世紀前半ごろの落書きに共通してあらわれる、いってみれば当時の落書きの「型」なのである。

では、「かたみかたみ」の意味は何なのだろうか?「かたみ」とはふつう「形見」、すなわち死んだ人や別れた人を思い出すよすがとなるもの、という意味である。この場合は、自分がここを訪れた証拠、というようなニュアンスではないだろうか。

江戸時代初期の狂歌に、次のような歌がある。

観音の堂に打ちふたらく書をかたみに残す諸国順礼
(池田正式(いけだまさのり)「堀川百首題狂歌合」)

この歌には、江戸時代初期の人たちの落書きに対する思いがよくあらわれている。一五世紀半ばごろから、各地に「三十三観音」と呼ばれる観音霊場がつくられ、人びとは観音霊場を巡礼するようになる。その際に、人びとは「らく書」を残していった。この歌はそうした人びとの様子を

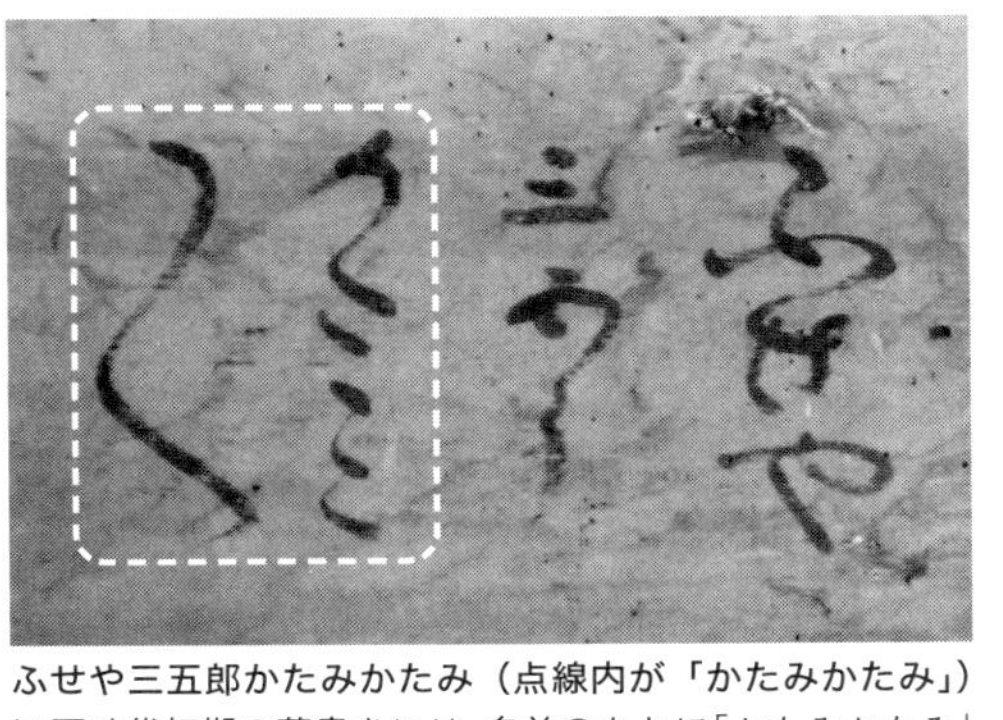
ふせや三五郎かたみかたみ(点線内が「かたみかたみ」)
江戸時代初期の落書きには、名前のあとに「かたみかたみ」と書くパターンが全国各地にみられる。

うたっている。そしてそれを「かたみに残す」と表現しているのである。戦国時代から江戸時代にかけて、人びとが観音巡礼を通じて各地を往来していくなかで、「かたみかたみ」というフレーズが呪文のように広まり、それが落書きの「型」となっていったのではないだろうか。

落書きとは、好き勝手に書いているようにみえて、じつはその時代の「型」に制約されているのである。それはあたかも現代の落書きが、「相合い傘」を書くとか、「○○参上！」と書くといった定型表現（テンプレート）に満ちあふれていることと、同じことなのだろう。

なぜ落書きは定型化されるのか

江戸時代初期の『醒睡笑（せいすいしょう）』という笑い話に、次のようなものがある。

ある高貴な女性が京都の清水寺に参詣し、清水の舞台のあちこちを歩いては休んでいたが、ちょうどそこで、矢立（やたて）（携帯用の文房具）を腰にさした侍風の巡礼者に出くわした。その女性は、その侍風の男に言った。

「たいへん恐縮でございますが、人からいただいた手紙の返事の代筆を頼む者がおりません。どうぞお力添えくださいませ」

その男は女性の頼みをきいて、筆と墨を取り出し、女性の言う言葉を紙に書きはじめた。ところがこの男、じつは「いろは」さえ習ったことのない者であったが、このたびの西国巡礼に際し、あちこちで落書きをする目的で、「筑後の国の住人柳川の某」という字だけ習っていた。ほかには一字も知らない。そこで紙が真っ黒になるほど書いた手紙というのが、どれも全部、「筑後の国の住人柳川の某」という文言だった。

この話はもちろんフィクションだが、各地を巡礼する人びとの様子がじつに興味深く描かれている。巡礼をする人たちは、最初から落書きをする目的で、携帯用の文房具である「矢立」を持ち歩いていたのである。それだけではない。巡礼をする人たちは、必ずしも文字に習熟している人たちばかりではなかった。文字を体系的に学んだことのない人は、あらかじめ落書きする定型表現だけを心得て、それを各地の観音堂に書きつけていったのである。

江戸時代初期の観音堂の落書きが定型化しているのには、こうした背景が存在しているのではないだろうか。裏を返せば、各地の巡礼を通じて、人びとの間で文字を書く衝動が生まれたともいえる。そこには、信仰と文字とが分かちがたく結びついている、当時の人びとの意識が読み取れるのではないだろうか。

そう考えると、落書きはまさに、その時代の人と文字との関係を活写しているのである。

江戸時代に詠まれた「無名の歌」の謎

無名の歌の漂流

江戸時代初めに書かれた寺の落書きを調査することになった私は、調査していくなかで、さらに驚くべき発見に出くわすことになった。きっかけは、落書きされていた次の歌である。

書きおくもかたみとなれや筆のあと我はいづくの土となるらむ

「自分の書き残した筆跡が形見となってほしい、自分がどこで朽ち果てようとも」という意味の歌である。各地の落書きについて調べていくうち、この歌がさまざまな寺の落書きに残されていることに気づいたのである。

私が気づいただけでも、山形県天童市の若松寺（じゃくしょうじ）観音堂をはじめ、山形市の松尾山（まつおさん）観音堂、寒河江（さがえ）市の慈恩寺（じおんじ）本堂、新潟県阿賀町（あがまち）の護徳寺（ごとくじ）観音堂、平等寺（びょうどうじ）薬師堂、高知県高知市の善楽寺（ぜんらくじ）、福島県いわき市の専称寺本堂、京都市の仁和寺観音堂といった寺に落書きされていた。

つい最近（二〇一七年）、福島県只見町の成法寺観音堂の落書きを調査する機会があったが、そこにも、江戸時代初期に書かれたとみられる落書きのなかに、「書きおくもかたみとなれや筆のあと……」の歌を発見した。山深い里の観音堂にも、この歌は伝わっていたのである。

これらのなかには歌と一緒にご丁寧に年月日まで書いてあるものがあり、集めてみると、だいたい一六世紀後半から一七世紀前半、すなわち戦国時代から江戸時代の初めごろまでにおさまっていることがわかってきた。つまり、約一〇〇年の間、この歌は、全国各地の寺に落書きされ続けてきたのである。下の句には、「我はいづくの露となるとも」とか「我はいづくの浦に住むとも」といったように、いくつかバリエーションがあることもわかってきた。

ところがこの歌は、誰がつくった歌なのか、まったくわからない。有名な歌集に載っている歌でもなければ、有名な歌人がうたった歌でもない。いわばまったく無名の歌が、落書きを通じて全国に広まっていったのである。この無名の歌を、仮に「かたみの歌」と名づけよう。

いまの私たちは、この「かたみの歌」のことをまったく知らない。それどころか、同時代の歴史書などの記録にも、この歌は残っていないのである。にもかかわらず、この「かたみの歌」は、一〇〇年あまりの間、全国各地の落書きに残されるほど有名な歌だったのである。私はここに、落書きのもつすさまじい情報伝達の力をみる思いがした。

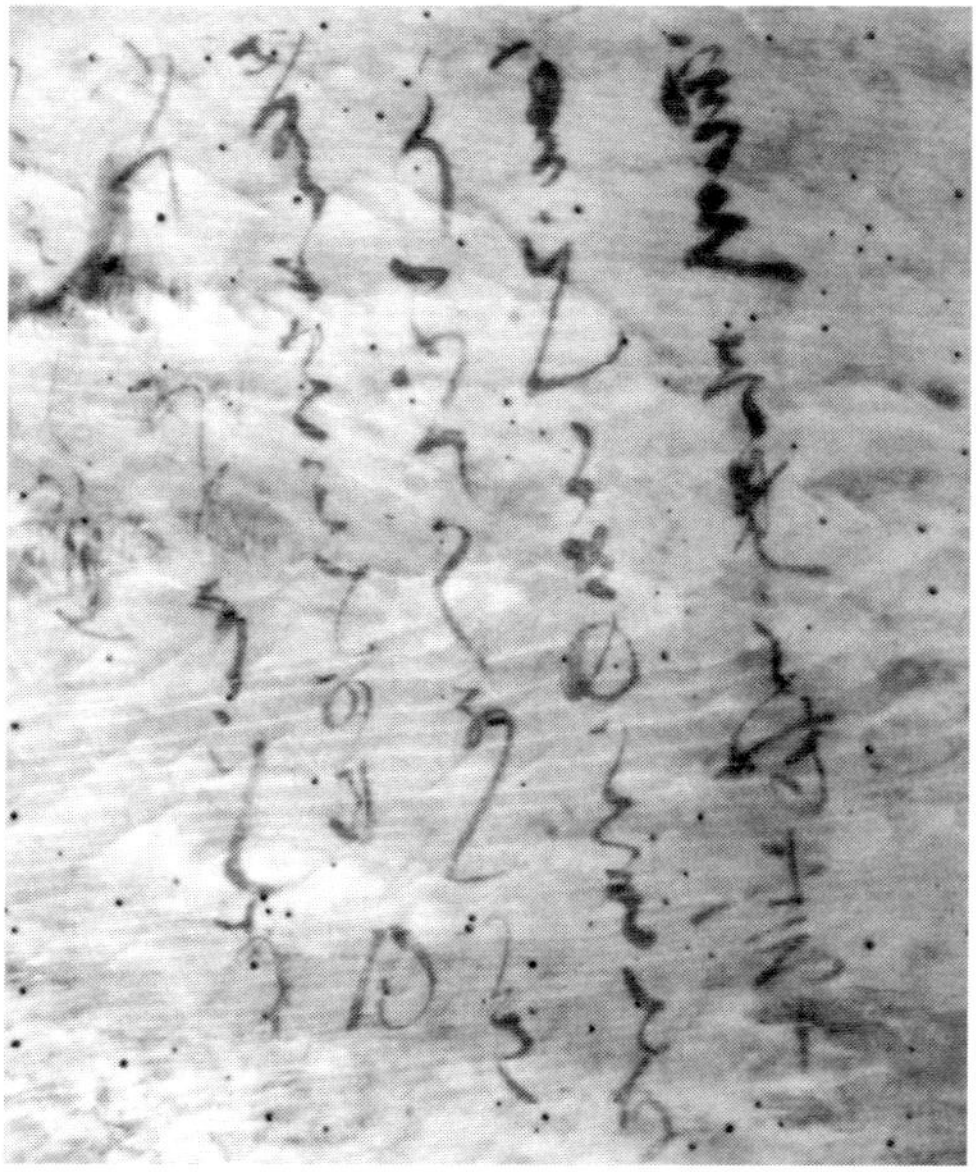

寺の落書きのなかだけに残るこの歌は、江戸時代の半ばぐらいから、しだいに忘れ去られてしまう。しかし、この歌が、別の形で生き続けていたことを発見した。

江戸時代も終わりにさしかかろうという一九世紀前半の天保年間、鹿児島の大隅地方に伝えられたある物語のなかに、この歌は細々と生き続けていたのである。

若松寺観音堂の落書き「かたみの歌」「爰元壱見之時書之…かきおくもかたみとなれやふてのあと…」とある。

戦国の世の美少年「平田三五郎」の伝説

関ヶ原の合戦の一年前、慶長四年（一五九九）のことである。日向国庄内（現、宮崎県都城市）で、南九州一帯を支配していた島津氏とその重臣伊集院氏との間で、大規模な戦闘が行われた。島津氏家中最大の内乱と呼ばれる「庄内の乱」である。

このとき、伊集院氏の討伐にあたる若き兵士たちが、大隅国の敷根村（現、鹿児島県霧島市国分敷根）の薬師堂に集まり、決戦を前にしてそれぞれの思いを薬師堂の板壁に書き残していった。そのなかに平田三五郎宗次（ひらたさんごろうむねつぐ）という美少年がいた。彼は辞世の句としてある歌を薬師堂の天井に書きつけたという。それが、

書き置（おく）は片見ともなる筆の跡　我は何（いづ）くの土となるらん

という歌だった、というのである。

このあと平田三五郎は、庄内の乱で戦死する。のちの世までこのときの題書が薬師堂に残っていたため、この題書をひと目見ようと、遠路はるばるやってきた者も多かったという。とりわけ平田三五郎が書きつけた歌を見た人たちは、老少となく、感涙にむせんだという。

以上の物語は、天保一四年（一八四三）に完成した『三国名勝図絵』（薩摩・大隅・日向三国の地誌）に収められている。

ちなみに、平田三五郎のこの物語は、明治時代初期に『賤（しず）のおだまき』という名で硬派学生に愛読されていた男色の物語としても知られている。森鷗外の『ヰタ・セクスアリス』にも、平田三五郎の物語が、硬派学生の間で競い合うようにして読まれていた様子が描かれている。

さて、『三国名勝図絵』に出てくる話が仮に事実であるとすれば、「かたみの歌」は、平田三五郎

平田三五郎（1585～99）　明治時代に書かれた『賎のおだまき』という男色の物語のモデルとして知られていた。

が辞世の句として詠んだオリジナルの歌だということになる。

しかしこれ以前に、この「かたみの歌」は、他の地域の寺の落書きにみえる。いちばん古いものだと、この歌は元亀二年（一五七一）の段階で、四国八十八箇所の第三十番札所、土佐（現、高知県）の善楽寺に落書きされていた。平田三五郎が書いたとされる慶長四年の時点ですでにこの歌は存在しており、しかも広く知られた歌だったのである。

一方、平田三五郎が出陣の前に辞世の句を寺に書きつけたという伝説が、古くは一七世紀末につくられたとされる『庄内軍記』という書物に紹介されている。だがこの時点では、まだ辞世の句が「かたみの歌」であるとは明記されていない。おそらくは一九世紀以降、平田三五郎の伝説と、敷根村の薬師堂に残されていた「かたみの歌」の落書きが結びついて、いつしかそれが平田三五郎の辞世の句だといわれるようになったのではないだろうか。

平田三五郎と「かたみの歌」の関係

では、なぜこの歌が、平田三五郎の辞世の句といわれるようになったのだろうか。

ここからは私の推理である。

もともとこの「かたみの歌」は、敷根村の薬師堂を参詣に訪れた巡礼者が書いた落書きであった。この「かたみの歌」は、巡礼に訪れた人が寺に書きつけるお決まりの歌として広く知られていたが、江戸時代も半ばを過ぎると、この歌がそういう性格の歌であるということが、しだいに忘れられていった。本来の歌の性格が忘れられて以降、この歌が平田三五郎の物語と結びつき、平田三五郎の辞世の句と信じられるようになったのではないか。

ここにみえる「薬師堂」とは、現在の鹿児島県霧島市国分敷根門倉坂入口にある医師(いし)神社である。残念ながら当時の落書きは残っていない。明治維新後の廃仏毀釈(はいぶつきしゃく)の風潮のなかで、鹿児島県ではとくに多くの寺が失われてしまったのである。

だが、『三国名勝図絵』に「かたみの歌」の伝承が残っていたおかげで、大隅地方においても、「かたみの歌」を含めたさまざまな落書きが、この薬師堂を訪れた参詣者たちによって残されていたことが、はからずも証明できたのである。

このようにして「かたみの歌」を丹念に追っていくと、北は岩手県から南は鹿児島県まで、文字どおり津々浦々にまでこの歌が広まっていたことがわかってきた。調査が進めば、この歌はさら

医師神社（鹿児島県霧島市国分敷根）　かつてこの地に薬師堂があったが、明治維新後の廃仏毀釈により神社に変わった。

にいろいろなところから発見されることだろう。

テレビもインターネットもない時代に、この無名の「かたみの歌」は、どのようにして全国津々浦々まで知られるようになったのだろうか。

ここまで読まれた方にはもうおわかりだろう。「落書き」によって、である。

各地の寺を巡礼する人たちは、寺を巡るたびに、この「かたみの歌」を書きつけていき、それを見た人がまた、別の寺にこの歌を書きつける。このようにして、「かたみの歌」は全国津々浦々に広がっていったのである。それはまるで、「ツイッター」における「リツイート」のようなものではあるまいか。

まだテレビも電話もインターネットもなかった時代、人びとは落書きを通じて情報を共有していった。人びとが落書きを共有しようとしたのは、それがもっとも肉声に近いものだと感じたからではないだろうか。そして、そこに人びとは、共感したのではないだろうか。

いつの世も、共感する言葉はリツイートされる。江戸時代の人びとが書いた「落書き」を見ると、そんなことを思わずにいられないのだ。

木簡が語る、ふたりの戦国武将の運命とは

戦国時代の「木簡」との出会い

「歴史を研究しています」などというと、「好きな戦国武将は？」と聞かれたりすることがあるのだが、正直に告白すると、戦国時代というのがどうも苦手である。私は、大河ドラマを熱心に見た経験がなく、戦国時代を舞台にしたゲームにハマった経験もない。好きな戦国武将は？　と聞かれても、思い入れがまったくないので、答えようがないのである。古代史を専攻したのも、それが理由のひとつである。

だが考えてみれば、戦国武将の研究をすることだけが戦国時代の研究ではない。そのことに気づくと、戦国時代の研究も私にとっては面白いと感じるものになった。そう考えるきっかけとなったのが、ある木簡群との出会いであった。

「山形県酒田市の亀ケ崎城跡の発掘調査で、木簡がたくさん出たのですが、解読していただけないでしょうか」と、山形県埋蔵文化財センターの調査担当者の方からお話をいただいたのは、天童市

の若松寺(じゃくしょうじ)の落書きの調査が一段落した二〇〇八年ごろのことであった。

「亀ヶ崎城、ですか?」

地元の大学で歴史の教員をしていながら恥ずかしいことに、亀ヶ崎城がどういう城なのかもよくわからなかった。まず亀ヶ崎城について調べることからはじまった。

山形県酒田市にある亀ヶ崎城は、文明一〇年(一四七八)に大宝寺城(だいほうじじょう)(のちの鶴ヶ岡城)を拠点とする大宝寺氏が、酒田に東禅寺城(とうぜんじじょう)を築いたことにはじまる。

その後、この城はじつに波乱の展開を迎える。天正一一年(一五八三)、大宝寺氏被官前森蔵人(まえもりくろうど)は、大宝寺義氏(だいほうじよしうじ)の政策に反対し、山形城主最上義光(もがみよしあき)の支援を受けて義氏を滅ぼし、前森蔵人は東禅寺筑前守義長(とうぜんじちくぜんのかみよしなが)と名乗り東禅寺城主となる。この勢いに乗じて、最上義光は庄内(山形県庄内地方)を制圧した。

これに対して大宝寺氏は、越後の本庄繁長(ほんじょうしげなが)の支援を受けて巻き返しを図る。天正一六年、本庄繁長は庄内を奪還し、庄内は越後を拠点とする上杉氏の支配下に入った。天正一九年に上杉氏被官の甘糟景継(あまかすかげつぐ)、志太(しだ)(駄)修理亮義秀(しゅりのすけよしひで)が東禅寺城に入城した。

慶長五年(一六〇〇)、有名な関ヶ原合戦に連動して、東北地方では慶長出羽合戦が起こった。上杉氏と最上氏の戦いである。このとき、西軍についた上杉勢が敗北したことで庄内から上杉氏は撤退し、庄内は最上氏の支配下に入る。志太修理亮義秀は、その後も抵抗を続けたが、翌慶長六年に最上方に城を明け渡した。そして最上義光は、東禅寺城に志村伊豆守光安を配したのである。その後、義光は慶長八年に酒田港に巨大な亀が上陸したことを吉兆として、東禅寺城を亀ヶ崎城と改名したという。

　と、ここまで書いてきて、戦国時代が不得手の私の頭の中も混乱してきたが、要は、一六世紀後半から一七世紀初頭にかけて、亀ヶ崎城（東禅寺城）は、対立する「最上方」と「上杉方」のせ

関ヶ原合戦当時の奥羽勢力

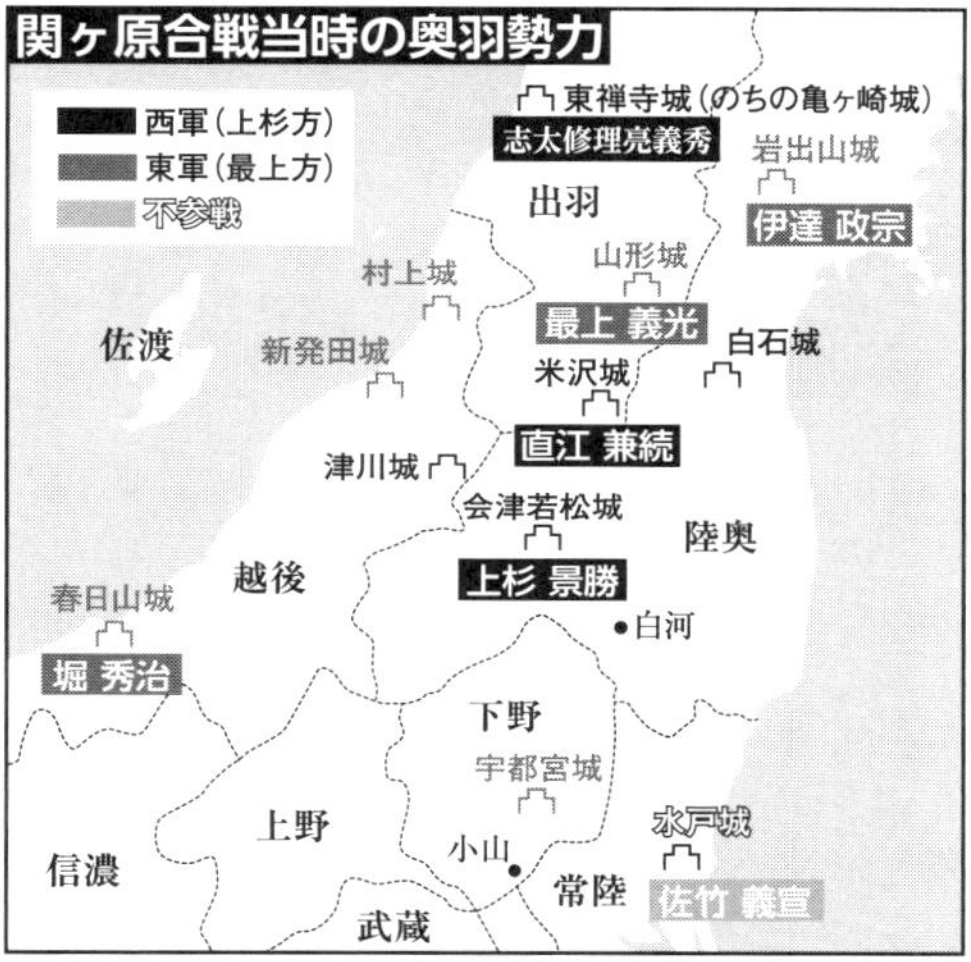

慶長５年、関ヶ原合戦に連動して、東北地方では西軍の上杉方と東軍の最上方との間で慶長出羽合戦が起こった。

亀ヶ崎城（東禅寺城）略年表

1478年（文明10）	大宝寺氏が酒田に東禅寺城を築く。
1583年（天正11）	最上義光の支援を受けた前森蔵人が、主君・大宝寺義氏を滅ぼし、東禅寺城主となる。
1588年（天正16）	本庄繁長（上杉方）が庄内に攻め入る。庄内、上杉氏の支配下に。
1591年（天正19）	志太修理亮義秀（上杉方）らが東禅寺城に入城。
1598年（慶長3）	志太修理亮義秀（上杉方）が東禅寺城主となる。
1600年（慶長5）	関ヶ原の戦いと連動して慶長出羽合戦が勃発。志太修理亮義秀（上杉方）らが最上領に攻め込む。
1601年（慶長6）	最上勢が東禅寺城を制圧。志村伊豆守（最上方）が東禅寺城主となる。
1603年（慶長8）	最上義光、酒田に巨大な亀が上陸したことにちなみ、東禅寺城を亀ヶ崎城と改名。

:最上氏方の動き　:上杉氏方の動き

めぎ合いのなかに翻弄されてきた城であることを押さえておけばよい。そして発掘調査によって見つかった木簡（もっかん）は、まさにその時期のものだった。

歴史に詳しい人ならば、「木簡」といえば飛鳥時代や奈良時代といった古代の木簡を思い浮かべるかもしれない。木簡とは、木の板に墨で文字を書いて情報のやりとりをした情報伝達ツールである。日本では七世紀後半の飛鳥時代から用いられ、八世紀の奈良時代になると、平城京という都を中心に盛んに使われるようになる。文書による通達や、各地から都に物納された税に付けられる荷札、さらにはまじないのための札など、その用途はさまざまであった。

木簡は中世以降も使われ続けるが、しだいに用途は限定されてくる。その理由は、紙の文書が発達したことによるところも大きい。さらに近世、つまり江戸時代になると、もっぱら各地から運ばれるモノに紐（ひも）でくくりつける「荷札」として、木簡は多用されていた。いまの宅配便の荷札などと同様、差出人や宛先、品名や発送した日付など、必要な情報が記されており、いつ、誰が、どんな品物を、誰に送ったかがわかるという意味で、きわめて興味深い情報を含んでいるのである。

木簡といえば古代の木簡が注目されがちだが、近世の木簡も、各地の城下町を中心に数多く出土している。亀ヶ崎城跡から出土した一連の木簡も、そうした木簡のひとつと位置づけられるのだ。

ふたりの戦国武将——その光と陰

埋蔵文化財センターで、出土した木簡を見せてもらうことになった。出土木簡を見てまず驚いたのは、木簡に書かれている人名のなかに、亀ヶ崎城（東禅寺城）の城代（城主に代わって城を管理する者）の名前があらわれていたことであった。そのひとつが、次の木簡である。

長さ一六七・五ミリ×幅三一・五ミリ×厚さ六・二ミリ

・「＜なまり玉弐千入　百分」
・「＜慶五
　七月三日志駄修理亮殿」

この木簡は、表裏に文字が書かれている。上端部に左右から切り込みが入っていることから（「＜」は左右から切り込みが入っていることを示す記号）、切り込みに紐を引っかけてモノに結びつける「荷札」として使われたことがわかる。つまりこれは、「なまり玉」（鉄砲の弾）二〇〇〇発が志駄（太）修理亮（義秀）に送られた際の荷札なのである。鉛玉は、比重が重く、加工も容易で、安価なため、鉄砲の弾として重宝されていた。「百分」というのは、一〇〇発ずつ分けてあるということを意味するのかもしれない。

裏面の「慶五」とは慶長五年（一六〇〇）、つまり関ヶ原合戦の年である。「志駄修理亮」はこのとき上杉方の直江兼続の家臣で、東禅寺城の城代であった。同年九月には、上杉方の志太らが最上領に攻め込んでおり、その直前の軍備増強のために、鉛玉を確保していた様子がうかがえる。

もう一点、次の木簡が目にとまった。

右図：「なまり玉弐千入　百分」と書かれた木簡（表）
左図：「慶五　七月三日志駄修理亮殿」と書かれた木簡（裏）
「慶五」は慶長５年、すなわち関ヶ原合戦の年。「なまり玉」は軍備増強のために調達したものであろう。

「　はた　かたきぬ
志村伊豆殿様　　　　佐藤九郎右衛門」
長さ四〇二ミリ×幅一一七ミリ×厚さ五ミリ

長さ四〇センチほどの細長い板に文字が書かれていたもので、四隅は角が円くなっており、板の上下には紐を通したと思われる小さな穴もあいている。おそらく「かたきぬ」（肩衣）をおさめていた箱の蓋だったろうと思われる。「かたきぬ」とは、当時の武士が礼服として袴（はかま）とともに着用した、肩から背を覆う袖なしの上衣のことである。当時は贈答品としても一般的なものであった。

宛先となっている「志村伊豆殿様」とは、慶長六年に庄内が最上氏領になった際に、亀ヶ崎城の城代となった志村伊豆守光安のことである。下段の「佐藤九郎右衛門」は、この「かたきぬ」を志村伊豆守に贈った人物であろう。つまりこれは、関ヶ原合戦後、新たに城代となった志村伊豆守光安に贈られた、「かたきぬ」を入れた木箱の蓋なのである。

私が亀ヶ崎城の歴史について「にわか勉強」をしていたときに出てきた、「志駄修理亮」と「志村伊豆」のふたりの人物が木簡に登場していることは驚きだった。

しかもふたりは敵同士である。上杉方の「志駄修理亮」と、最上方の「志村伊豆守」。ふたりは慶長五年の関ヶ原合戦をはさんで、この城の城代であった。出土した木簡の年代は、まさにこの時期のものということになる。

「なまり玉」を送られた志太修理亮と、「かたきぬ」を贈られた志村伊豆守。それは、合戦を目の前にして焦る志太と、合戦が終わって余裕をみせる志村との違いを象徴的にあらわしているようにも思えてならない。

木簡のわずかな記載から、歴史のダイナミズムが体感できるではないか。

こうして私は、亀ヶ崎城から出土した木簡からわかる戦国武将たちの「贈答の世界」に、さらに入り込んでいくことになったのである。

豊臣秀吉と砂糖の知られざる関係とは

「さたう一斤」との遭遇

私たちがふだん、あたりまえだと思っているモノのすべてが、太古の昔から変わりなく存在していたわけではない。

そのことを意識して、自分の身のまわりを見わたしてみよう。モノの数だけ歴史があるのである。そこに気がつけば、歴史を研究するということが際限のない営みだということがよくわかるはずである。

山形県埋蔵文化財センターからの依頼を受けて、山形県酒田市の亀ヶ崎(かめがさき)城という戦国時代から江戸時代初期にかけての城から出土した木簡(もっかん)を解読することになったことは、前節で述べた。

出土した木簡の多くは、さまざまな贈答品が城にもたらされたことを示す内容のものだった。

そのなかに一点、直径九センチほどの円形の板に墨書(ぼくしょ)されたものがあった。

「曲物(まげもの)の蓋ですね」調査担当者の方が言った。

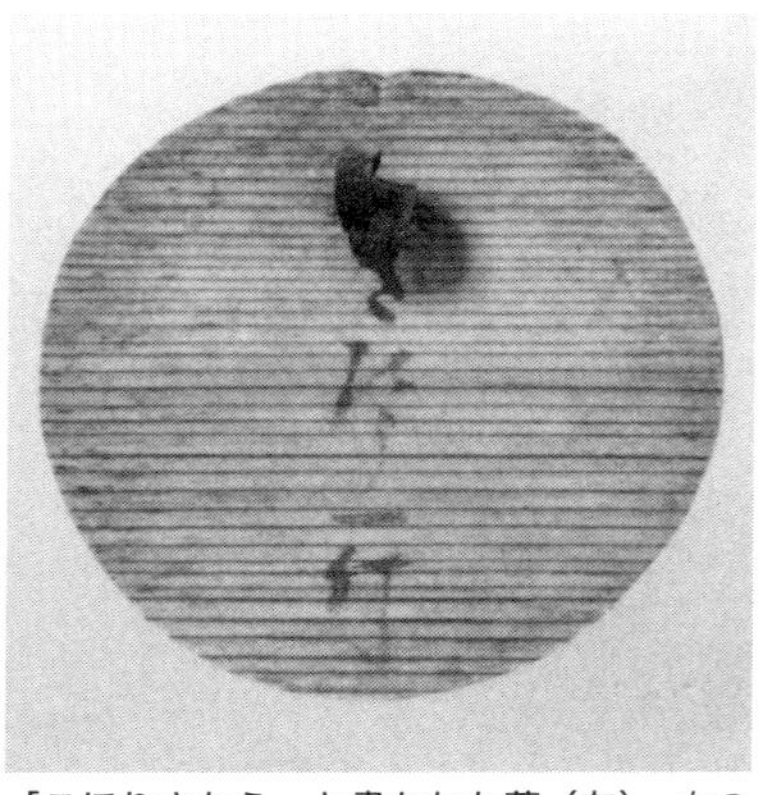

「さたう一斤」と書かれた曲物の蓋（右）と「こほりさたう」と書かれた蓋（左） 右の写真は山形県亀ヶ崎城跡出土、左は広島県の吉川元春館跡で出土した。容器の規格が共通している。

曲物とは、木製の円形容器のことである。

「蓋のつまみもついていますね」

見ると、たしかに円形の蓋の真ん中に、蓋を持ち上げるためのつまみがついている。桜の木の皮でつくられたものだという。

「『さたう一斤（きん）』と書いてありますね」と私。

「ということは、この曲物には、砂糖一斤が入っていたということでしょう」

なるほど、砂糖を入れた円形容器か。一斤とは重さの単位で、約六〇〇グラムである。

と、それだけなら、話はこれで終わりである。

こういうときは、全国のほかの遺跡にも類例がないかどうか、念のために確認作業を行うことにしている。

全国各地から出土する「砂糖」銘墨書容器

木製の円形容器の蓋とはいえ、墨書がされているので、別の見方をすれば、これは木簡である。木簡学会が出している『木簡研究』という学会誌を見れば、似たような事例が発見できる可能性がある。年に一回発行される『木簡研究』は、毎年全国で出土する木簡を網羅的に集成しており、二〇一七年時点で、三八号まで発刊されている。

この『木簡研究』をたよりに調べてみると、いくつか類例を見つけることができた。墨書の内容、容器の特徴、その年代などを中心にまとめてみることにしよう。

1. 京都府京都市の平安京跡左京三条四坊十二町からは、「さたう一斤」と書かれた直径九三ミリの円形容器の蓋が出土している。その年代は江戸時代初期(一六三〇年代)以前のものと考えられる。

2. 大阪府の大坂城跡からは、「生玉観音院(いくたまかんのんいん)　白砂糖　進上」と書かれた直径九三ミリの円形容器の蓋が出土している。「生玉観音院」という寺が進上した白砂糖の容器の蓋と考えられる。木簡の時期は、一五世紀末から一六世紀初めごろと推定される。

3．愛知県の朝日西遺跡からは、「白さたう壱斤」と書かれた円形容器の側板が出土した。朝日西遺跡は、中世末から近世初頭には清洲城下の一画を占め、外堀と中堀に挟まれた町人地と寺社地が展開する。木簡が出土した遺構は、一六世紀末から一七世紀初頭のものと考えられる。円形容器の側板に墨書されており、復元すると、直径一〇〇ミリほどの円形容器になると推定される。

4．東京都の汐留遺跡からは、「進上　白砂糖壱盒　茂芝三友」と書かれた直径八〇ミリの円形容器の蓋が出土した。汐留遺跡は、旧国鉄の汐留貨物駅跡地にあたる遺跡である。ここは、近世には江戸湊をのぞむ大名屋敷地がならび、龍野藩の脇坂家、仙台藩の伊達家、会津藩の保科家の大名屋敷が存在した。出土したのは、このうち脇坂家からで、年代は一七世紀中葉と推定される。

5．石川県金沢市の本町一丁目遺跡からは、「進上　白砂糖　宮竹屋　伊右衛門」と書かれた直径一一五ミリの円形容器の蓋が出土した。本町一丁目遺跡は、金沢城下町の町屋地に位置している。木簡にみえる「宮竹屋」は、金沢の旧家で、享和二年（一八〇二）以後明治三年（一八七〇）まで町年寄をつとめたという。木簡の年代も一九世紀前半ごろのものという。

6. 石川県金沢市の安江町遺跡からは、「進上　白砂糖　一曲」と書かれた直径九五ミリの円形容器の蓋が出土している。安江町遺跡は、金沢城下町の武家屋敷跡、町屋地跡である。出土したのは一九世紀前半のゴミ穴である。

7. 石川県金沢市の高岡町遺跡からは、「志ろさとう」と書かれた円形容器の側板が出土している。高岡町遺跡は、金沢城下町の武家屋敷地の遺跡である。調査地は、前田家家臣中川氏（禄高五〇〇〇石）の屋敷地にあたることが、町絵図などの文献史料より判明している。木簡は近世のゴミ穴から出土した。年代は、出土遺物から一七世紀から一八世紀のものと考えられている。円形容器の側板に「志ろさとう」と書かれており、贈答用の白砂糖の容器と考えられる。円形容器の直径を復元すると、九〇ミリほどになると考えられる。

8. 広島県の吉川元春館跡からは、「こほりさたう」と書かれた直径一〇〇ミリの円形容器の蓋が出土している（44ページの写真）。遺跡の存続時期は、通説では天正一〇年（一五八二）に吉川元春が引退して以後に築かれたものと考えられており、その下限は吉川氏が周防国岩国へ移封される慶長五年（一六〇〇）に求められている。出土遺物の年代も、一六世紀末と考えられるものが多くみられ、木簡の年代もこのころであると考えられる。

「さたう一斤」が意味するもの

『木簡研究』をざっと調べてみただけでも、これだけの事例が確認できる。こうして事例を集めてみると、いくつかの共通点が見いだせる。

一つめは、出土遺跡の性格についてである。「砂糖」銘墨書容器は、近世の城内や、城下町の武家屋敷、町屋地にかかわる遺跡から出土している。

二つめは、年代についてである。「砂糖」銘墨書容器の年代は、一六世紀の第Ⅳ四半期（一五七五〜一六〇〇年）以降にあらわれ、一九世紀前半ごろまで確認されている。

三つめは、容器の形状と大きさについてである。これまで確認されている「砂糖」と書かれた容器は、いずれも曲物と呼ばれる木製の円形容器であり、その直径は、おおむね一〇〇ミリ（一〇センチ）前後ということで共通している。

四つめは、墨書の内容である。砂糖の数量が書かれているものは、ほとんどが「一斤」である。また、墨書のなかには、「進上」と書かれたものが多く、円形容器に入れた一斤の砂糖が贈答用として使われたことがわかる。

これらの共通点から、興味深い事実が浮かび上がってくる。一六世紀後半以降、近世を通じて、直径一〇センチ前後の曲物に入れた「砂糖一斤」が、贈答用として広く流通していた、という事実である。直径一〇センチ前後の円形容器は、贈答用の砂糖容器の規格として広く存在していたのである。

亀ヶ崎城出土の「さたう一斤」と書かれた円形容器の蓋（44ページの写真）に立ち戻って考えてみよう。これもまた、直径九センチという規格である。文字は「さたう一斤」としか書かれてはいないが、他の事例で「進上」と書かれているものが多いことから、どこからか「進上」された贈答品である可能性が高い。当時、砂糖が貴重だったことを考えれば、そう考えるのが自然である。

考えてみればつい数十年前まで、お中元やお歳暮などで、砂糖そのものが贈答品としてやりとりされていた。私もかすかに子どものころの記憶に残っている。それは、砂糖が貴重なものであったことの名残だったのではないだろうか。

そもそも、砂糖はいつごろからこのような形で、贈答品として流通するようになったのだろうか。もう少し、この時代の砂糖について調べてみる必要がありそうである。

砂糖をめぐるさまざまな記録

砂糖の原料となる甘蔗（さとうきび）は、インド原産の多年生植物で、砂糖は南蛮貿易を通じて日本に輸入されたといわれている。こうした砂糖はいつごろから、どのようなルートで日本にもたらされ、贈答品として広まっていくのだろうか。古文書や記録から、そのことをうかがえないだろうか。いくつかそのことがわかる史料がある。

一つは、慶應義塾大学図書館所蔵の相良家文書である。中世、肥後南部の人吉盆地を支配していた相良氏は、天文八年（一五三九）に外洋航行が可能な「市木丸」を建造し、八代の徳渕の津を拠点として中国の明や朝鮮、琉球との交易に乗り出した。

天文一一年（明の嘉靖二一年）には琉球に交易船を出し、琉球王から返礼として黒砂糖が贈られている。その年の五月二六日に、琉球円覚寺の全叢は、肥後の相良義滋に次のような書状を送った。

> そちらの商船（市木丸）が無事にこちらに到着したことは喜びに堪えません。進献物は琉球王に一つひとつご覧に入れ、たいへん感激されておりました。私自身にもさまざま珍しいものをいただき、どのようにお礼をしてよいかわかりませんが、ひとまず砂糖百五十斤を進上いたします。

この当時の琉球王は、第二尚氏王統の第四代国王である尚清王で、琉球円覚寺は、琉球における対外通交の窓口の役割を果たしていた。この文書を書いた僧の全叢は、薩摩出身の臨済宗の禅僧で、京都の南禅寺などで修行したのちに琉球に渡り、琉球天王寺の住持を経て円覚寺住持となった。

この文書によれば、このとき琉球王は、返礼品として相良氏に砂糖一五〇斤（約九〇キログラム）を贈ったというのである。

当時琉球王国は、中国、朝鮮、日本、東南アジアなどとの中継貿易を盛んに行っており、砂糖は中国の江南地方産であったとされている。琉球が第一の返礼品として砂糖を贈ったことからもわかるように、この当時砂糖は、きわめて貴重な産物と認識されていたのである。肥後の相良氏は琉球との貿易を通じて、貴重な砂糖をいち早く入手していたのである。

次に紹介するのは、宮崎県の都城盆地を支配していた北郷（ほんごう）氏、いわゆる都城島津氏の史料である。

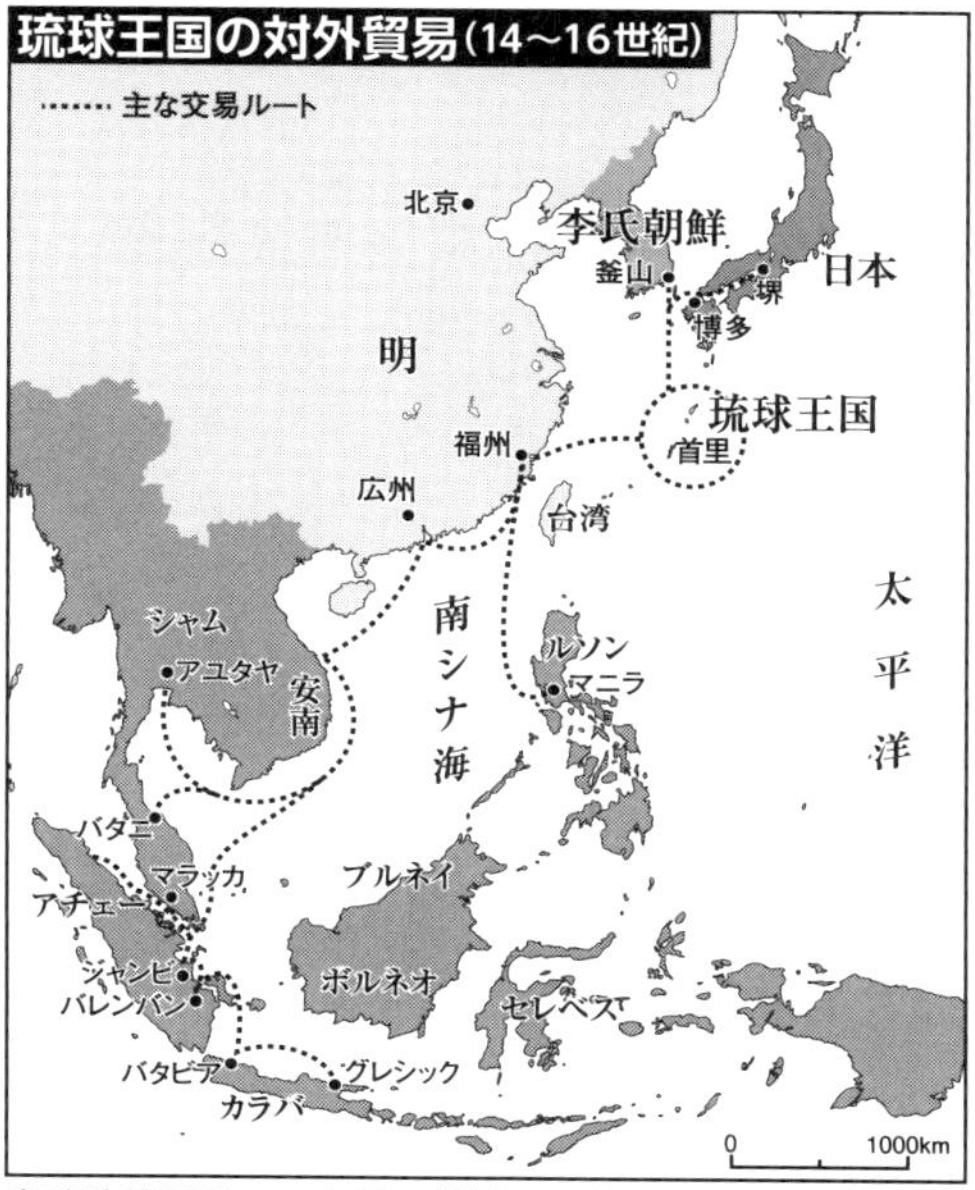

琉球王国の対外貿易（14〜16世紀）

当時琉球王国は、中国、朝鮮、日本、東南アジアなどと中継貿易を盛んに行っていた。

天正三年（一五七五）に、大隅国（おおすみのくに）肝属（きもつき）郡（現、鹿児島県肝属郡肝付町、旧内之浦町）が、都城領の飛地（とびち）として、北郷氏の支配下となった。このころ、内之浦には多くの船荷を積んだ明船が入港するようになり、北郷氏のもとに交易の品がもたらされるようになった。

天正一八年、当時の都城領主北郷時久は、明船の積載物から砂糖をはじめとする数々の交易品を豊臣秀吉に献上している。そのときの文書によれば、「唐船（明船）が到着し、目録のとおりに品々が届けられた。いろいろと取り揃えたこと、秀吉様がたいへん喜んでいらっしゃる。なお、石田正澄（石田三成の兄）から報告するものである」とあり、さらにそのときの目録には、献上品のリストの筆頭に「砂糖五百斤」と書かれている。目録の筆頭に砂糖があげられていることからも、砂糖が贈答品として重視されていた様子がうかがえる。

砂糖は、琉球や明の貿易船を通じてもたらされることもあれば、直接中国で購入した事例もある。たとえば、臨済宗の禅僧策彦周良は、天文八年度には遣明船の副使として、天文一六年度には正使として二度入明しているが、そのときの詳細な記録を『初渡集』と『再渡集』にまとめている。そこには、周良が寧波などで購入した物品が詳細に記録されており、それによると、嘉靖二〇年（一五四一）四月一五日に、寧波において「砂糖四十斤〈一両一匁〉」を購入したとある。

ヨーロッパ船との貿易においても、砂糖が輸入された。一六世紀末に記録されたと思われるポルトガル船の日本貿易品に関する報告によると、ポルトガル船は、このころ白砂糖六〇〇〇斤から七〇〇〇斤、黒砂糖一万五〇〇〇斤から二万斤、合計で二万一〇〇〇斤から二万七〇〇〇斤の砂糖を日本にもたらしていたという。

また、徳川家康の政治・外交政策のブレーンとして知られる金地院崇伝が著した『異国日記』には、慶長一四年（一六〇九）七月、薩摩の坊津に入港した一〇隻の漳州（中国、福建省南部）船の船主らが提出した積荷目録のなかに、「白糖　しろさたう」「黒糖　くろさたう」があげられている。一六世紀後半から一七世紀初頭にかけて、砂糖は九州の各港に入る貿易船によりもたらされたのである。

中世の砂糖購入や贈答に関する史料はきわめて断片的であり、その全体像を明らかにすることは難しいが、これまで確認されている史料から、大まかな傾向を知ることができる。

一六世紀半ばの天文年間ごろから、琉球や明、さらにはポルトガルとの貿易を通じて、最初は九州各地の大名のもとに砂糖が入ってくるようになる。そしてそれらは、一六世紀後半の天正年間に、織田信長や豊臣秀吉らに献上されることで、贈答品として認知されるようになった。

「贈答品としての砂糖」が広まったきっかけ

では、それがどのように各地に広まっていったのだろうか。一六世紀後半、常陸（ひたち）（現、茨城県）を支配していた佐竹義宣（さたけよしのぶ）の家臣大和田重清（おおわだしげきよ）が書いた日記には、興味深いことが書かれている。

彼は肥前名護屋（ひぜんなごや）（現、佐賀県唐津市）在陣中の文禄（ぶんろく）二年（一五九三）八月五日、長崎の平戸で白砂糖を求めたが入手できず、黒砂糖二〇斤を購入して名護屋に戻った。翌六日、佐竹義宣や一族の北義憲（きたよしのり）に砂糖一斤を贈ったほか、他の重臣たちにも砂糖を贈っている。購入した砂糖は、一斤を単位として各所に贈られていたことがわかる。おそらく佐竹氏だけでなく、各地の大名も同様のことをしていたのではないだろうか。

ここで、ひとつの仮説が生まれる。一六世紀後半以降、各地の大名の間で貴重な贈答品として砂糖が認識されるようになったきっかけのひとつは、豊臣秀吉の文禄・慶長の役にともなう、各大名の名護屋城参陣だったのではないだろうか。

少し時代がくだり、江戸時代の初めのころのことである。久保田藩（秋田藩）の院内銀山奉行だった梅津政景は、慶長一九年（一六一四）正月二九日の日記に、次のように書いている。

金山城（現、山形県金山町）の城代川田三右衛門に、年始のお礼にと、鮭三尺と、砂糖一斤を持っていったのだが、あいにく留守とのことで、和田出雲という人に預け置いて帰ってきた。

なんということのない記事だが、ここにも贈答品としての「砂糖一斤」がみえる。興味深いのは、このとき、院内銀山を管轄していた久保田藩の藩主が佐竹義宣であったことである。すでにみたように、彼の家臣は名護屋参陣の際に砂糖を入手した経験があり、その経験が、久保田藩における砂糖の贈答にも生かされたのではないだろうか。

この時代の文献史料には、このように砂糖一斤が贈答品として流通していたことがわかる記事がいくつも確認できるが、このことは同時に、各地の遺跡から出土する砂糖を入れた円形容器の規格が、ほとんど一斤であった事実と符合する。砂糖は一六世紀後半から江戸時代にかけて、大名同士を筆頭とする有力者たちの間で、コミュニケーションを図るための贈答品としてもてはやされていたのである。

近世以降、島津藩はこの砂糖に注目し、奄美大島や琉球などで甘蔗の栽培を行わせ、それが収奪の対象となっていく。砂糖は世界史的にみても、収奪の象徴的存在であった。そこには文字どおり甘い蜜を吸おうとする権力者の思惑が存在する。砂糖という身近な存在に注目して日本史を考え直したら面白いのではないだろうか。

歴史に埋もれた、まぼろしの「特産品」の謎

輪島塗で知られる石川県輪島の、もうひとつの特産品

山形県酒田市の亀ヶ崎（かめがさき）城跡から出土した木簡（もっかん）群は、戦国時代から江戸時代初めにかけての、権力者の贈答の実態を知る、またとない資料群であることがだんだんとわかってきた。そこには、いまの私たちにもなじみのある「砂糖」のような贈答品も登場するが、そうではなく、いまの私たちにはあまりなじみのない贈答品も登場する。

「輪嶋（わじま）さうめん」と書かれた荷札木簡が、その例である。

この木簡は、木簡の上端に左右から切り込みの入った、典型的な荷札木簡の形である。木簡の両面にわたって、次のような文字が書かれていた。

・「<輪嶋さうめん一□□□（つつミカ）」
・「<七月□七日小まつ□（殿カ）」

荷札木簡の表面には、はっきりと「輪嶋さうめん」と書かれている。「さうめん」とは「そうめん」、すなわち素麺（索麺）のことである。

ここでまた、この方面に疎い私があれこれと考える。輪嶋というのは、輪島塗で有名な、石川県の輪島のことであろうか。しかし、輪島の特産品が漆器であることはよく知っているが、素麺というのは聞いたことがない。

刊行されている『輪島市史』を見ると、その答えはすぐ見つかった。輪島素麺とは、漆器にとってかわられるまでの、輪島における特産品であったのである。

天正一五年（一五八七）の「索麺御印写」によると、中世には索麺座が置かれていた。また、前田利家によって、自由営業が許可された。

輪島素麺は、当該期における贈答品として広く知られていた。だが、その評判はあまりかんばしいものではなかったらしい。京都相国寺鹿苑院蔭

右図：「輪嶋さうめん一□□□」と書かれた木簡（表）、左図：「七月□七日小まつ□」と書かれた木簡（裏）
輪嶋素麺は特産品として各地にもたらされた。山形県の亀ヶ崎城もそのひとつである。

石臼が使われている石塔　輪島市内の神社の石塔のなかには、そうめんの材料である小麦粉を挽いた石臼が使われているものがある。右：輪島市河井町の市姫社、左：輪島市鳳至町・住吉神社境内の市姫社。

涼軒主の公用日記である『蔭涼軒日録』文明一九年（長享元年〈一四八七〉）五月二一日条には、次のような記述がある。

> 邸主曰く、「この麺ははなはだ細し。定めて嫌うべし。これ能登より出でたるものなり。遊佐加賀守これを恵すと云々。はなはだ細くはなはだ黒し。その味もまた不可なり。遠来を賞するのみ。

なんともひどい言われようである。「能登の特産品だといって、遊佐加賀守が贈ってくれたが、麺は細いし黒いしで、好みではない。ただ遠くから来たということで、ありがたく思うだけである」というのである。どうもこのころ京都では、大和国の三輪地方（現、奈良県桜井市）でつくられる三輪素麺のようなコシの強い素麺が好まれていて、能登の麺は細く、しかも麦皮などの不純物が混じっていて黒っぽいということで、品質が悪いと思われていたようなのである。

ただ、贈答品としての輪島素麺は、当時の文献史料にいくつもみえている。

①**『私心記』**（蓮如上人の末子実従の日記）
「天文八年〈一五三九〉八月六日の昼に、北殿のところに能登の『ワジマサウメン』が下された」

②**『石山本願寺日記』**
「帰牧斎から、輪島麺　二箱〈代五百計〉が来た」（天文二三年一〇月二五日条）
「三好筑前へ綿十把と輪島索麺二箱を遣わした」（同年一二月二七日条）

③**『伊勢貞助雑記』**（伊勢貞助は足利将軍家の近臣で、天文末ごろから弘治・永禄年間に至る人）
「能登から輪島索麺を箱に入れて畠山氏が進上した」

④**『御湯殿の上日記』**
「能登より来たといって、『りんたうさうめん』一箱をいただいた」（永禄五年〈一五六二〉一一月一三日）

⑤「京都御所東山御文庫記録」(甲七十六雑々、永禄ごろの記録)

「此の輪島索麺は名物と申して能州から到来しましたので、失礼の至りとは存じますが進上いたします」

これらを見ると、輪島索麺は室町時代後期、京都の上流社会の間で、贈答品としてもたらされていたことがわかる。

このなかで、④の『御湯殿の上日記』に輪島素麺が「りんたうさうめん」と書かれていることは注目される。「輪島」を「りんとう」と音読みしてしまっているわけだが、おそらく御所に仕える女官は、贈られてきた「輪島素麺」をどう読んでよいかわからず、「りんとう」と音読してしまったのではないだろうか。都では「輪島素麺」がブランドとしてあまり認識されていなかったことを示しているように思えて面白い。

木簡が秘める大きな力

さて、亀ヶ崎城跡出土の「輪嶋さうめん」木簡に話を戻そう。この木簡も贈答品としてもたらされた素麺につけられたものであることは間違いなく、おそらくは輪島から日本海づたいに亀ヶ崎城にもたらされたことも容易に想像できる。

木簡の裏面を見ると、「七月□七日」の日付が見える。この「七月□七日」という日付から思い起こされるのは、日本では古来から、七夕に素麺を食べる風習があるという事実である。

もともと中国では、素麺の原型といわれる索餅を七夕に食べる風習があった。日本にもその風習が伝わり、奈良時代には民間でその風習が行われたらしい。『宇多天皇御記』寛平二年（八九〇）二月三〇日の条によれば、七月七日に索餅を食べる風習を宮廷の歳時とすると書かれていて、宮廷行事にとり入れられたことが記されている。

時代はくだって一六世紀後半の越後（現、新潟県）国人領主の年中行事の詳細を伝えている『色部氏年中行事』という史料には、七夕の日に素麺が贈られ、これを食したことが記されており、戦国時代には領主の館において素麺を食する習慣が一般的であったことが知られる。江戸時代も、七月七日の贈答品として素麺を献上する習慣があった。さらに現代においても、七夕に素麺を食べる風習が残っている地域がある。七夕に素麺を食べる風習は、古代以来、形を変えながら現代まで続いているのである。

そう考えると、裏面に「七月」と書かれているのは、七夕に合わせて素麺が贈られてきたことを示している可能性が十分にある。「七月」の下の日にちの部分は、「七日」と読めるのだが、その上にもう一字あるようにも見えて、正確に判読できないのが少し残念である。

判読できないといえば、「輪嶋さうめん」のあとに書かれている数量単位も、墨は残っているものの、はっきりとは判読できない。輪島素麺の単位は、先ほどあげた史料のなかに「箱」というのが見えるが、筆の運びを追ってみても「はこ」とは読めそうにない。

もうひとつ、「包（つつみ）」という単位も当時よく使われていたようである。近世以降の史料にみえる輪島素麺に、「包」という数量単位が使われる例が多く、あるいは木簡の「一」の下の三文字は、「つつミ」と読んで、「包」という数量単位をあらわしている可能性がある。裏面の日付の下は、「小まつ□」とあるが、これは輪島素麺の贈り主である可能性が高い。

「輪嶋さうめん」もまた、まぎれもなく当時の贈答品のひとつであった。日本海の海上交通を通じて、輪島素麺は酒田の亀ヶ崎城にもたらされたのであろう。そして、七夕に食する風習に不可欠であった素麺は、贈答品としてありがたいものであったに違いないのである。

近代以降、藩の保護がなくなったこともあり、輪島素麺は廃（すた）れてしまったが、近年になって地元では輪島素麺を復活させる取り組みがなされているという。歴史に埋もれてしまった事実は、それを掘り起こすことでよみがえる。たった一点の木簡が、そうした営みに力を与えることができるかもしれない。

戦国武将たちを魅了した「遊び」の謎

戦国時代の「遊び」

亀ヶ崎（かめがさき）城跡出土の木簡（もっかん）群から、戦国時代における贈答の風習がよくわかることはすでに述べたとおりだが、贈答の風習だけではない。「遊び」の実態がわかる木簡も出土した。

長さ三センチ、幅一・五センチほどの小さな細長い板の一端に「二」が、反対側の一端に逆方向から「一」が、そして裏面には「ウ」と書かれているだけの木簡である。

「これは闘茶札ですね」

「闘茶札、ですか」

私はこの木簡を見てすぐにわかった。なぜなら、以前にも何度か、似たような木簡に出くわしたことがあるからである。では、闘茶札とは何か？

闘茶とは、中国宋（そう）代の遊芸で、本来は茶の品質の善悪を競うものであった。鎌倉時代に日本に伝来し、茶の種類を飲み当てる競技として流行した。「本茶」（京都、栂尾（とがのお）の茶）と「非」（栂尾以外

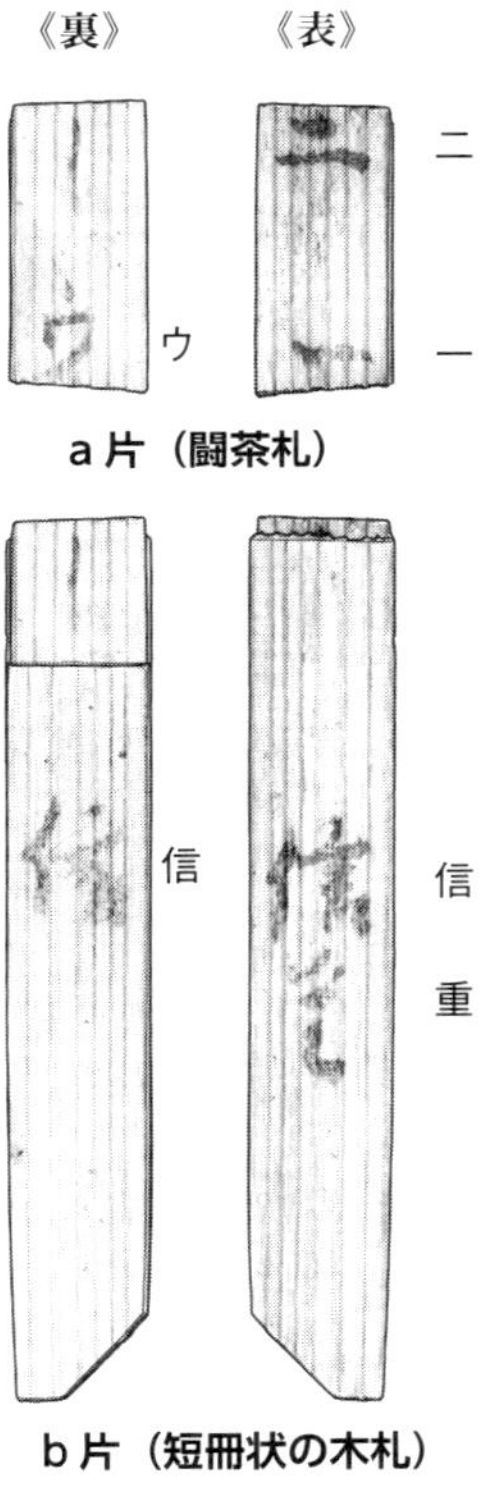

の産地の茶）を飲み当てる遊びや、三種ないし四種以上の茶の同異を当てる遊びなどが行われた。もちろん、たんなる遊びではなく、一種の賭け事である。闘茶札は、この競技の際に使用されたのである。

たとえば、闘茶札のなかには、札の一端に「本」、反対側の一端に逆方向から「非」が書かれているものがある。自分の飲んだ茶が「本茶」の場合、「本」と書かれたほうを差し出し、本茶以外の場合は「非」と書かれているほうを差し出すのである。札の端っこに、それぞれ逆方向から文字が書かれているのは、そのためである。

亀ヶ崎城出土の木簡の場合、「一」と「二」が、札の両端に、それぞれ逆方向から書かれていることから、自分の飲んだお茶が一番なのか二番なのかを当てる際に使われた闘茶札であったと考え

《裏》　《表》
ウ　二　一
a片（闘茶札）
信　信　重
b片（短冊状の木札）

亀ヶ崎城跡出土の闘茶札　a片の表面は、「一」と「二」がそれぞれ逆方向から書かれている。一番茶と二番茶の意味である。裏面の「ウ」は、客茶の意味である。b片の先端は割り裂かれている。

られる。

では、裏面に書かれた「ウ」は何を意味するのか。これは客茶といって、茶会の主催者が出した茶のことである。「客」のウカンムリを表現している。これに対して「一」「二」といった数字は、参会者が持ち寄った茶のことである。参会者が持ち寄った茶はあらかじめ試飲したのに対し、客茶は本番で出したという。

つまりこの闘茶札は、自分の飲んだお茶が「一」なのか「二」なのか、はたまた「客茶」なのかを当てるための札なのである。

闘茶札からみえる遊びへの執念

闘茶札の存在が知られるようになったきっかけは、広島県の草戸千軒町（くさどせんげんちょう）遺跡の発掘調査である。草戸千軒町遺跡は、現在の広島県福山市にある、鎌倉時代から室町時代にかけておよそ三〇〇年にわたって存在した中世の町である。瀬戸内海の芦田川（あしだがわ）河口の港町として栄えたこの遺跡は、江戸時代の地誌に「かつてここに草戸千軒という町があったが、洪水で滅びた」と書かれた幻の町とされてきたが、一九六〇年代から約三〇年間にわたる断続的な調査により、町の全容が明らかになった。豊富な遺物が出土したことから、ここに多くの商工業者が集まり、国内はもちろん朝鮮半島や中国とも交易をしていた物流の拠点であったことが明らかになったのである。出土遺物は重要文化財に

草戸千軒町遺跡　鎌倉時代から室町時代にかけておよそ300年にわたって存在した中世の町である。

指定され、現在は広島県立歴史博物館で保管・展示されている。

草戸千軒町遺跡からは、鎌倉時代から室町時代の木簡が多数出土したが、そのなかに多くの闘茶札が含まれていた。草戸千軒には各地から茶がもたらされ、その茶の種類を当てる闘茶が盛んに行われていたのであろう。

私は、草戸千軒町遺跡から出土した闘茶札をたまたま知っていたので、それと形状が似ている亀ヶ崎城出土の木簡も、闘茶札であることがわかったのである。だが亀ヶ崎城出土の闘茶札には、草戸千軒町遺跡出土の闘茶札にはみられない特徴がある。それは、闘茶札（a片）が、先端を割り裂いた短冊状の木札（b片）に挟まれた状態で出土したことである。しかもb片には、「信重」という人名らしき墨書（ぼくしょ）があった。このb片にあたるものは、草戸千軒町遺跡出土の闘茶札からは見つかっていない。

この二片の木札は、闘茶札の使用法を示唆するものである。すなわち、自分の飲んだ茶が一番のお茶であると判断した場合は、a片の「二」と書かれている側をb片に挟み、「一」と書かれてい

亀ヶ崎城出土の闘茶札の使用法（推定）

●a片（闘茶札）

《表》　《裏》

表面には（天地が逆の）二と一、裏面にはウと書かれてある。

●b片（短冊状の木札） 先端を割り裂いてある

《表》　《裏》

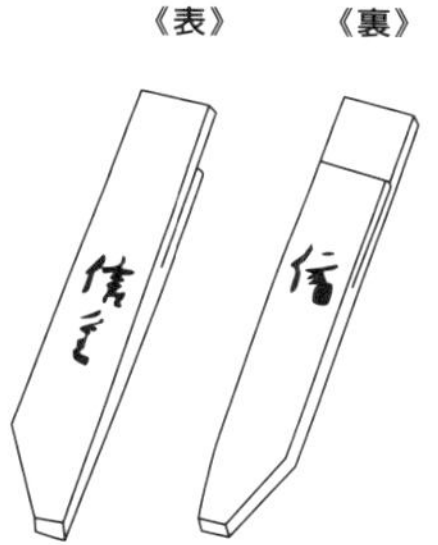

表面には「信重」という人名らしき墨書が書かれてある。

《横》

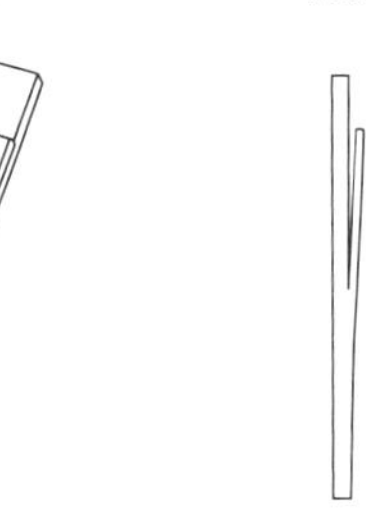

b片を横から見た図。左側面が表・右側面が裏。

●a片をb片に挟んだ図

《表》

《裏》

飲んだ茶が一番であると判断した場合、a片の「二」の部分をb片に挟み、「一」の部分が見えるように提示する。途中で札をひっくり返すインチキを防止するため、闘茶札の一端をがっちりと挟み込む仕組みにしたのではないだろうか。

る側が見えるように提示する。反対に、二番のお茶であると判断した場合は、a片の「一」と書かれている側をb片に挟み、「二」と書かれている側が見えるように提示する。このようにして、闘茶が行われたのではないだろうか。

なぜ、このような面倒な方法をとったのだろうか。想像するに、途中で札をひっくり返すようなインチキを防止するために、闘茶札の一端をがっちりと挟み込むような仕組みにしたのではないだろうか。挟むほうの短冊に「信重」という名前を書いているのも、不正を防ぐためにその闘茶札の持ち主を特定しておく必要があったからではないだろうか。

では、なぜそこまでして、不正ができないような工夫をしたのか。

先に述べたように、闘茶は一種の賭け事であった。室町時代、伏見宮貞成親王が書いた『看聞日記』には、闘茶に関する記事が多くみられるが、たとえば応永二三年（一四一六）三月一日の条には、この日、北条広時を頭役とする闘茶会が催され、禅啓という人物が勝負に勝って、金盞花、弓一張、箭一手、鵝眼（中国銭）を獲得し、その後酒宴となり、残りの懸物を籤で分配し、音曲乱舞で深夜におよんだことが記されている。

中世における闘茶は、「お茶を嗜む」以上に、ギャンブル性の高いゲームとして、貴族たちの間で盛り上がりをみせていたのである。そうしたなかにあって、闘茶の必須アイテムである闘茶札に、工夫がなされないはずはなかったであろう。

都の貴族たちばかりではない。都から遠く離れた酒田の亀ヶ崎城においても、闘茶が行われていたことが、一点の小さな木簡からわかる。当然、亀ヶ崎城ばかりではなく、闘茶は全国各地で行われていただろう。たとえば、宮城県松島町にある瑞巌寺からも、一五世紀後半のものと思われる闘茶札が数点出土している。貴族や武士だけでなく、僧侶もまた、闘茶に興じていたのだ。

あたりまえのことだが、戦国時代とはいっても、のべつ戦ってばかりいたわけではない。城の中にいて遊びに興ずるときもあった。闘茶もそのひとつである。武士たちは闘茶に興ずることで、来たるべき戦いへのストレスを発散していたのかもしれない。

なお、亀ヶ崎城跡からは「おちや」（お茶）と書かれた荷札木簡も出土している。お茶もまた中世における重要な贈答品のひとつであった。贈答と遊技が深く結びついていた様子が、木簡からうかがえるのである。

さて、亀ヶ崎城をめぐる贈答と遊技の世界についての話は、これでひとまず終わる。出土した木簡は、戦国時代の城の日常生活を垣間見せてくれるものばかりである。そこにあらわれる贈答と遊技の文化は、いまでは失われてしまったものもあるけれど、贈答に込められた思いとか、遊技に興ずる気持ちといったものは、現代の私たちとさほど変わらないような気がする。そう思って初めて、歴史が身近なものに思えてくるのではないだろうか。

ユネスコ「世界の記憶」に刻まれた古代社会の姿とは

ユネスコ「世界の記憶」に登録された「上野三碑」

二〇一七年一〇月、群馬県高崎市に所在する「上野三碑（こうずけさんぴ）」が、ユネスコの「世界の記憶」に登録されることが決定した。

「世界の記憶」とは、人類の貴重な文書、書籍、写真などの資料（動産）を保存し、広く一般に公開するための事業で、国連教育科学文化機関（ユネスコ）が「世界遺産」「無形文化遺産」となら ぶ遺産事業のひとつとして実施しているものである。日本では「山本作兵衛炭坑記録画・記録文書」をはじめ、五件が登録されていたが、二〇一七年に上野三碑と朝鮮通信使に関する記録が加わり、七件となった。

歴史の教科書にもほとんど登場することがなく、多くの人にとってあまりなじみのないと思われる「上野三碑」が、なぜ、「世界の記憶」に登録されることになったのだろう。

「上野三碑」の「上野」とは、現在の群馬県にほぼ相当する地域のことである。群馬県には、山上（やまのうえ）

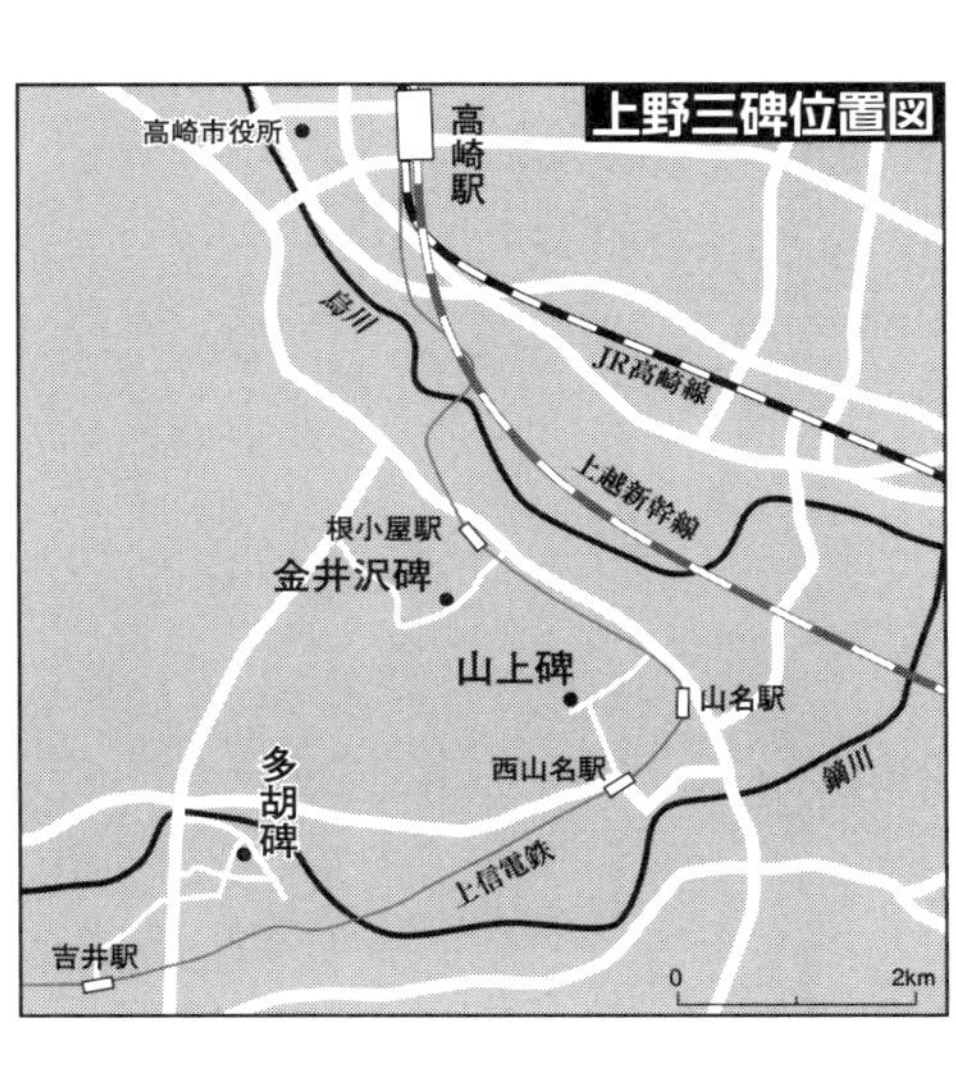

碑（辛巳年〈六八一年〉建立）、多胡碑（和銅四年〈七一一〉ごろ建立）、金井沢碑（神亀三年〈七二六〉建立）という古代の石碑が三点あり、これらを総称して「上野三碑」と呼んでいるのである。いずれも七世紀後半から八世紀初頭にかけて、近接した地域で相次いで建立されたものである。

七世紀後半から八世紀初頭という時代は、日本列島において大きな画期となる時代であった。中国で生み出された「律令」という法律体系が導入され、律令にもとづく行政を行うようになる。律令制とは、手っ取り早くいえば高度な官僚制のことであり、煩瑣な手続きにもとづいて膨大な量の文書がつくられるようになった時代であった。そのため、役人たちにとって、漢字による記録技術の習得は必須となった。上野三碑は、そのような時代の真っただ中につくられたのである。

この上野三碑が「世界の記憶」に登録されることになった理由について、高崎市が制作した「上野三碑」の公式ウェブサイトでは、次のように説明している。

三碑の記録形態は、上野国に住み着いた朝鮮半島からの渡来人がもたらしたもので、かれらとの密接な交流の中で、当時の都（飛鳥、奈良）から遠く離れた地元の人々によって文字で刻まれたものです。山上碑は日本語の語順で漢字を並べた最古級の歴史資料です。多胡碑は、18世紀以来、中国の「書」の手本となってきました。金井沢碑は、この地での仏教の広がりを刻んでいます。これらの三碑は、東アジアにおける文化交流の実像を示す極めて重要な歴史資料です。

三碑に刻まれた内容は、中国を起源とする政治制度、漢字文化、インドを起源とする仏教が、ユーラシア東端の地である日本に到達しただけでなく、さらに遠く離れた東部の上野国に多数の渡来人の移動とともに伝来し、地元の人々に受容され、広まっていったことを証明しています。

「上野三碑」のもつ、もうひとつの意味

キーワードは「東アジアの文字文化」である。たしかに、上野三碑を一つひとつ丹念に読み込んでいくと、日本社会が、どのようにして東アジアの文字や宗教を受容していったのかを体感することができる。その意味で、「世界の記憶」にふさわしいものといえる。私自身も、東アジアの文字文化の広がりとのかかわりから、この上野三碑について論じたことがある。

しかし、上野三碑の価値は、それだけにとどまらない。東アジアの文字文化の広がり、という視点以外にも、日本社会の形成を考えるうえで、見のがすことのできない記述が数多く含まれているのである。

上野三碑のうち、つくられた年代がもっとも古いものが、六八一年に建立された山上碑である。群馬県高崎市山名町に所在し、山上碑の建つ場所のすぐ東側には山上古墳（やまのうえ）がある。山上碑はその内容から、この古墳の墓碑であるとも考えられている。

では、どんな内容をもつ石碑なのか。碑文の原文と現代語訳は、次のとおりである。

辛己(巳)歳集月三日記
佐野三家定賜健守命孫黒売刀自此
新川臣児斯多々弥足尼孫大児臣娶生児
長利僧母為記定文也　放光寺僧

[現代語訳]
辛己（しんしの）(巳)歳（とし）(六八一年)集月（じゅうがつ）(一〇月)三日に記す。佐野三家（さののみやけ）をお定めになった健（たけ）

山上碑　681年につくられた石碑で、上野三碑のなかではいちばん古い。

守命の子孫の黒売刀自、これが、新川臣の子の斯多々弥足尼の子孫である大児臣と夫婦になり生まれた児である長利僧が、母（黒売刀自）の為に記し定めた文である。放光寺の僧。

長利という僧侶が、自分の母のために記したという、いわば供養碑である。
碑文中に出てくる「三家」とは「屯倉」とも書き、簡単にいえば朝廷の直轄地というべきものである。母親の祖先は、佐野三家（屯倉）を設定した、つまり朝廷に貢献した地元の有力者だったらしい。

山上碑の漢文は、正しい漢文ではなく、日本語の語順のとおりに漢字を並べている点に特徴がある。日本列島に漢字が伝わった際に、漢字を母語の語順にあてはめる工夫がなされていたことがわかる資料として貴重である。

しかし、ここで注目したいのはそこではない。この石碑で語られている系譜についてである。
佐野三家を設定した人物が、健守命という人物で、その子孫である黒売刀自が、新川臣の子の斯多々弥足尼の子孫である大児臣と夫婦になり生まれた児が、長利僧であると、この碑は記している。すなわち、書かれている人名の系譜を図示すると次ページのようになる。

この石碑の内容をもういちど見てみよう。まず最初に、長利僧の母方の系譜が記されている。そしてその次に、父方の系譜が記されている。とくに注目されるのは、碑文中の「娶生児」という表現である。

「娶」という文字から、どのようなフレーズを連想するだろうか。「妻をめとらば」というフレーズ。与謝野鉄幹が作詞した歌のタイトル、あるいは、小説や漫画のタイトルにも、このフレーズが使われている。この「妻をめとらば」というフレーズは、夫が主語となり、夫が妻を迎え入れるという意味になっている。

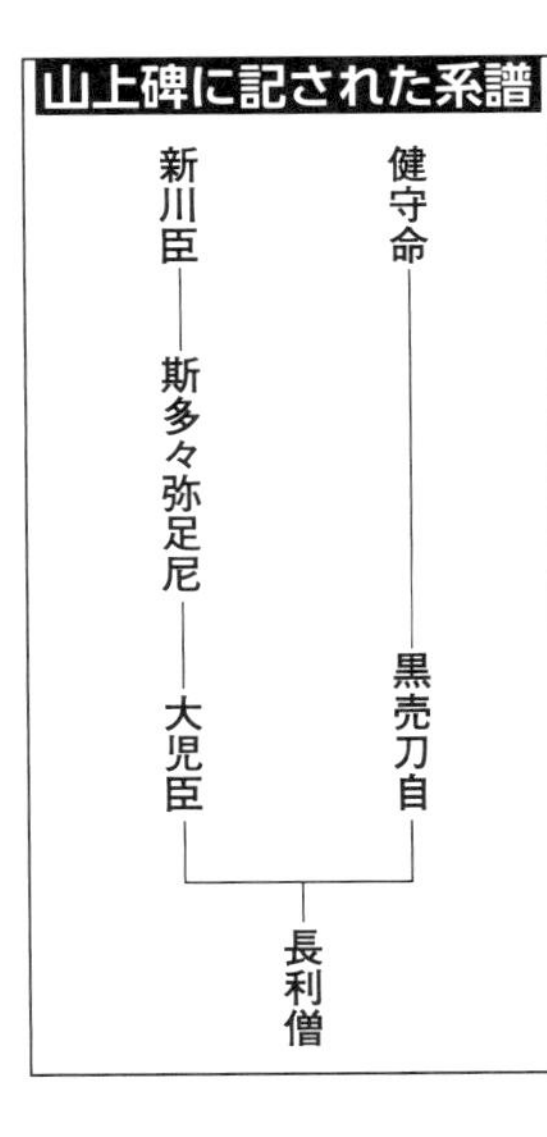

しかし、この石碑では逆である。「娶」の主体は、どちらかといえば女性のほうであるかにみえる。

「娶」の一字に隠された、古代の「常識」

じつはこの「娶」は、当時「みあう」と読まれていたと推定される。「みあう」とは、夫婦になる、という意味で、後代に使われるような「めとる（妻として迎え入れる）」という一方的な意味ではなかったのである。日本最古の歴史書『古事記』のなかの、イザナギ・イザナミの国生み神話のなかにも、お互いがお互いを褒め合い、二神がたくさんの島を「御合いして」生んだと書かれている。「娶いて生む児」を、「夫婦となり生まれた児」と訳したのはそのためである。

もうひとつ、私たちがなんとなく懐いている常識では、家系図とは父方の系図を中心に書かれることがほとんどである。しかしこの石碑に書かれている系譜は、父方も母方も平等に書かれている。この石碑の場合、亡き母のためにつくったものなので、文脈上、母方の系譜が優先されたと考えられるのである。

これらの点は、私たちが漠然と懐いている常識を覆すものである。この当時、すなわち七世紀後半の時点での系譜については、必ずしも父方の系譜が優先されていたとは限らない。むしろ、父方と母方の双方から平等にその社会的地位を受け継いでいたという認識が、この系譜からうかがえるのではないだろうか。

つまり、いまの私たちがイメージする系譜とはかなり異なった系譜が、この石碑では語られているということなのである。ひょっとするとこれは、ジェンダー（社会的・文化的な性）の歴史をさぐるうえで、重要な資料となるのではないだろうか。

このことは、上野三碑のなかの、八世紀初頭につくられた別の石碑と比較することで、よりいっそう明確に示されることになる。次節は、もうひとつの石碑についてみていくことにしよう。

日本社会の「男女観」は、どのようにつくられたのか

もうひとつの石碑「金井沢碑」

上野三碑のひとつである山上碑が建立されたのが辛巳年（六八一）。それから四五年ほどたった神亀三年（七二六）に、同じ地域でもうひとつ石碑が建てられる。それが、上野三碑のひとつである金井沢碑である。

神亀三年銘をもつ金井沢碑は、高崎市山名町金井沢に所在する。山間を流れる金井沢川にそった谷間から、ゆるい斜面をのぼった丘陵の中腹に、南向きに建てられている。むかしの地名でいえば、上野国多胡郡山部郷にあたる場所である。

碑文の内容は、次のとおりである。

上野国羣馬郡下賛郷高田里
三家子□為七世父母現在父母

現在侍家刀自他田君目頰刀自又児加
那刀自孫物部君午足次馹刀自次乙馹
刀自合六口又知識所結人三家毛人
次知万呂鍛師礒部君身麻呂合三口
如是知識結而天地誓願仕奉
石文
神亀三年丙寅二月廿九日

やや難しい内容だが、これを現代語に直すと、次のようになる。

上野国群馬郡下賛郷高田里の三家子□が、七世父母と現在父母のために、現在侍る家刀自（＝妻）の他田君目頰刀自、又児の加那刀自、孫の物部君午足、次に馹刀自、次に乙馹刀自の合せて六口、また知識として結ぶところの三家毛人、次に知万呂、鍛師の礒部君身麻呂の合せて三口、このように知識を結んで天地誓願したてまつる石文。神亀三年丙寅二月二九日

内容をよく読むと、三家子□という人が、「七世父母」と「現在父母」、つまり自分の先祖の供養

金井沢碑　神亀３年（726）につくられた石碑で、山上碑とは建立に45年の開きがある。

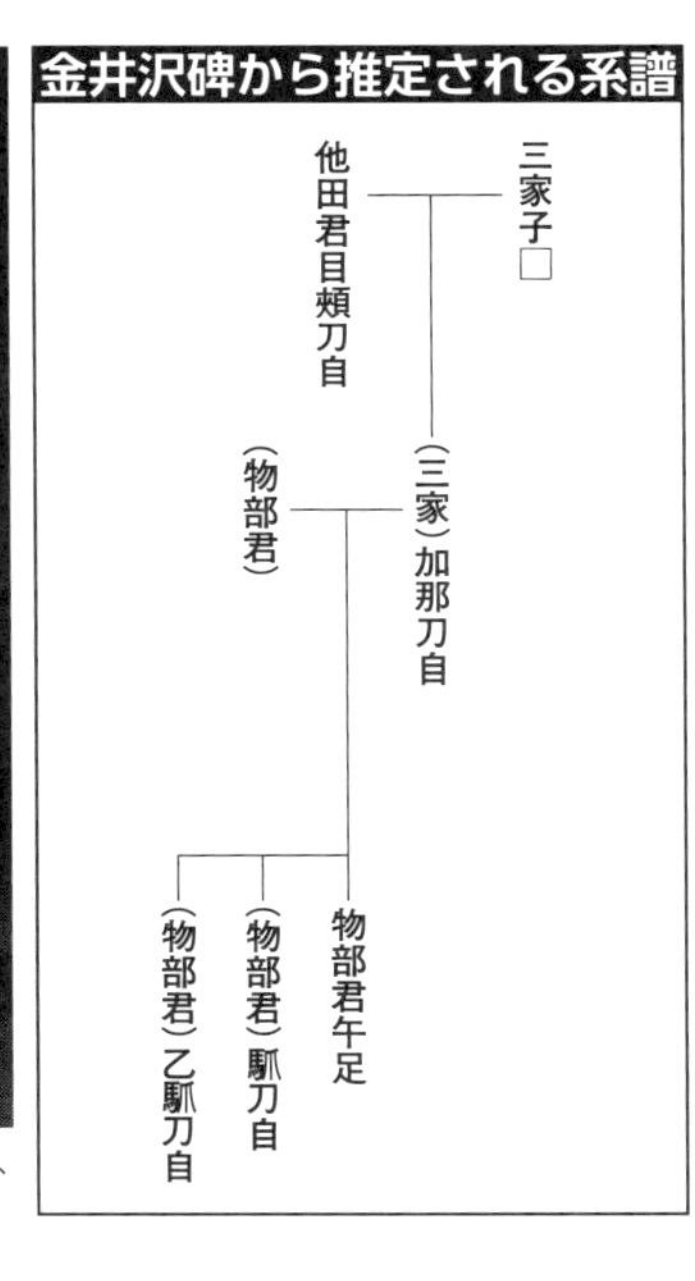

を目的に建立した石碑のようである。前節でみた山上碑と同様に、石碑の建立にかかわった人物の系譜が書かれている。この系譜をどう解釈するかが、この碑文をどう評価するかという問題ともかかわってきて重要である。

碑文中の系譜については古来さまざまな説が出されてきたが、近年は、供養者（すなわち石碑の建立者）を、「三家子□」とその妻の「他田君目頰刀自」ととらえ、系譜を上図のように復元する説が有力である。これによると、石碑を立てた人は、上野国群馬郡下賛郷高田里の「三家子□」とその妻ということになる。

まず注目したいのは、ここに出てくる地名である。群馬郡下賛郷は、「賛」を「さぬ」と読み、すなわち山上碑に出てくる「佐野三家（さののみやけ）」の故地であると考えられる。

地名だけではない。「三家子□」という人名にみえる「三家」という氏名（うじな）も、佐野三家に由来するものであろう。つまり、佐野三家にかかわる一族ということである。これらの事実は何を意味するか。

つまり、この金井沢碑もまた、山上碑と同様、佐野三家と関係の深い人物たちによって建立されたものと考えられるのである。大きくとらえれば、山上碑も金井沢碑も、ほぼ同じ地域の、同じ祖先をもつ人びとによってつくられたものといってよい。違いは、二つの碑の間には四五年の開きがあるということである。

金井沢碑にみられる注目すべき表現とは？

さて、ここで系譜表現にあらためて注目してみよう。金井沢碑には、山上碑にみられないような表現が、いくつもみられる。

たとえば、「口」である。この「口」は、「人」を意味する言葉である。大宝二年（七〇二）に、大宝令という法律にもとづいた戸籍がつくられるが、そこでは各戸に属する人のことを「戸口（ここう）」と呼んでいる。つまりこれは、戸籍の用語なのである。そう思ってほかの表現にも注意すると、じつは当時の戸籍に由来する表現が、この石碑には数多くみられる。

金井沢碑と御野国戸籍の比較

（金井沢碑）

上野国群馬郡下賛郷高田里
三家子□為七世父母現在父母
現在侍家刀自他田君目頰刀自又児加
那刀自孫物部君午足次馸刀自次乙馸
刀自合六口又知識所結人三家毛人
次知万呂鍛師礒部君身麻呂合三口
如是知識結而天地誓願仕奉
石文
神亀三年丙寅二月廾九日

（御野国戸籍）

上政戸国造族石足戸口十三　正丁二 兵士二　小丁三 小士二　緑児一　十幷
正女二 緑女一　幷三
下々戸主石足 年卅二 兵士　戸主兄国足 年卅四 正丁　嫡子安倍 年六 小子
戸主弟高嶋 年廿二 兵士　嫡子八十麻呂 年二 緑児　戸主弟久留麻呂
年廿五 正丁　次大羆 年廿 少丁　次広国 年十九 少丁　次友乎 年十八 少丁
戸主甥奈世麻呂 年十 小子　戸主母国造族麻奈売 年卅七 正女　戸主妻
国造族志祁多女 年卅二 正女　大羆児阿尼売 年二 緑女

（『大日本古文書』一）

口…人を意味する。
次…弟を意味する。
子…男子を意味する。
児…女児を意味する。

金井沢碑に使われている表現が、同時代の戸籍の影響を受けている点が興味深い。

碑文中には「次」という表現が何か所かみられる。これは兄弟関係、すなわち前の人物の弟であることを示す際に使われる表現で、大宝二年につくられた御野国戸籍（御野国は、現在の岐阜県）に頻出する表現である。
「児の加那刀自」という表現にも注目したい。「刀自」は女性の名前につけられるので、「加那刀自」は女性であろう。つまり、この石碑では子どもを意味する女性の続柄を「児」

と記しているのである。

大宝二年の御野国戸籍によれば、子どもを意味する男性の続柄を「子」、女性の続柄を「児」と表現しており、男性と女性で、表記の使い分けが行われていた。女性に対して「児」を使うというのも、やはり戸籍の書き方を意識していた可能性が高いのである。

これに対して、六八一年の山上碑は、男性の続柄を「児」と表記しており、戸籍のような男＝子、女＝児の書き分けを意識してはいない。

子どもを意味する男性の続柄を「児」とする表記は、埼玉県の稲荷山古墳から出土した「辛亥年（四七一）銘をもつ鉄剣の銘文のなかにもみえる。いわゆる稲荷山鉄剣と呼ばれているこの鉄剣銘文は、同時代の文字資料がほとんど存在しない五世紀の歴史をうかがい知ることのできる貴重な文字資料として、日本史の教科書にも登場する。


辛亥年七月中記、乎獲居臣、上祖名意富比垝、其児多加利足尼、其児名弖已加利獲居、其児名多加披次獲居、其児名多沙鬼獲居、其児名半弖比、其児名加差披余、其児名乎獲居臣、世々為杖刀人首、奉事来至今、獲加多支鹵大王寺在斯鬼宮時、吾左治天下、令作此百練利刀、記吾奉事根原也

［現代語訳］

辛亥年（四七一）の七月中に記す。乎獲居臣（オワケノオミ）の上祖は、名を意富比垝（オオヒコ）といい、その児は多加利足尼（タカリノスクネ）、その児の名は弖已加利獲居（テヨカリワケ）、その児の名は多加披次獲居（タカハシワケ）、その児の名は多沙鬼獲居（タサキワケ）、その児の名は半弖比（ハテヒ）、その児の名は加差披余（カサハヨ）、その児の名は乎獲居臣（オワケノオミ）。代々、杖刀人（じょうとうじん）の首長としてお仕えたてまつって今に至る。獲加多支鹵大王（ワカタケル）が斯鬼（シキ）の宮に在るとき、吾は天下を治めるのを助けた。この百練の利刀をつくらせて、吾が仕えた由来を記すものである。

これを見ればわかるように、ここでは代々の跡継ぎをすべて「児」と表記している。つまりこれは、戸籍が導入される以前の古い表記と考えられるのである。その後、戸籍制度が導入されて、男性の続柄を「子」、女性の続柄を「児」とする書き分けが生まれたのである。

ふたつの碑文の相違点から導き出される仮説

こうしてみてくると、金井沢碑の系譜で使われている「口」「次」「児」といった言葉が、いずれも大宝二年（七〇二）の御野国戸籍と同様の使い方をしていることがわかるであろう。

金井沢碑が山上碑と大きく異なる点、それは、金井沢碑が戸籍の知識をふまえてつくられていることなのである。じつはこの点が、大きな問題なのだ。

人びとを一人ひとり把握するための戸籍が全国的につくられたのは、六七〇年の庚午年籍が最初だといわれているが、本格的に戸籍の書式が整備されたのは、六九〇年に作成された庚寅年籍と考えられる。この前年の六八九年に、飛鳥浄御原令という法律が制定されており、その法律にもとづいて戸籍の書式が整備されたのである。

山上碑がつくられたのは六八一年で、庚寅年籍が作成されるよりも前である。この時点で、戸籍の書式についての知識がなかったのは当然である。六九〇年以降、律令という法律にもとづいた戸籍がつくられるようになり、それが、神亀三年（七二六）建立の金井沢碑の系譜表記に影響を与えたのである。

ここから、次のようなことが考えられないだろうか。それは、男性と女性とを書き分ける意識というのが、中国から学んだ律令制の導入により、急速に進んだのではないか、ということである。つまり律令制の導入が、日本の歴史におけるジェンダーの形成にも、大きな影響を与えたのではないだろうか。

この点について、もう少し考えてみる必要がありそうである。

律令制の「常識」を捨て去ると、何が見えてくるのか

「多胡碑」に記された歴史上の大物

上野三碑（こうずけさんぴ）のうち、山上碑（やまのうえひ）と金井沢碑（かないざわひ）に注目すると、古代の地域社会が律令制を導入した様相がみてとれる。そしてそれは、日本の歴史におけるジェンダーの形成とも、深く結びついていると考えられるようになった。

上野三碑のもうひとつの石碑である多胡碑（たごひ）（和銅四年〈七一一〉ごろ）も、群馬県のこの地域に律令制が導入されたことを示す石碑である。

［碑文］

弁官符上野国片岡郡緑野郡甘
良郡并三郡内三百戸郡成給羊
成多胡郡和銅四年三月九日甲寅

多胡碑　多胡郡を建郡した際につくられた建郡碑。律令で定められた公文書の書式を意識している。

宣左中弁正五位下多治比真人
太政官二品穂積親王左太臣正二
位石上尊右太臣正二位藤原尊

［現代語訳］

弁官が命ずる。上野国の片岡郡・緑野郡・甘良郡、三郡のうち三〇〇戸をあわせて郡となし、羊という名の人物に給い、多胡郡となせ。和銅四年三月九日甲寅に命ずる。左中弁正五位下多治比真人、太政官二品穂積親王、左太臣正二位石上尊、右太臣正二位藤原尊。

当時の朝廷が、上野国（現、群馬県）に命じて、多胡郡という郡を建郡することを命じたとする内容である。冒頭の「弁官符す」とは、弁官が命令するという意味で、この石碑は、律令で定められた公文書の書式を意識してつくられたものである。

石碑の最後には、その当時の朝廷の「閣僚」の名前が記されている。「太政官二品穂積親王」は天武天皇の皇子で、このとき知太政官事という職にあった穂積親王、「左太臣正二位石上尊」は、左大臣石上麻呂、「右太臣正二位藤原尊」は右大臣藤原不比等をそれぞれさしている。
そして、奇しくもこの石碑に登場する藤原不比等こそが、七〇一年に施行された大宝律令を編纂した人物である。

律令制の本質とは何か

大宝元年（七〇一）に大宝律令が制定・施行されて以降、日本は律令制を軸とする政治体制に大きくシフトしていくことになる。

律令制の本質とは、ひと言でいえば高度な官僚制である。では、官僚制の本質とは何か？ それは、簡単にいえば、税金を集めてそれを分配する仕組みをつくることである。つまり税制を整備することが、律令制の導入によりはじまったのである。

もうひとつ、律令制の導入で重視されたのが、軍隊の創出である。指揮系統を一本化する軍隊を創出することが、当時の東アジアのなかで強靭な国家をつくることを意味した。

税の徴収、軍隊の創出というふたつの大きな目的を達成するために注目された労働力が、成人男子であった。租（稲をおさめる）・調（特産物をおさめる）・庸（一定量の布などをおさめる）という税のうち、中央の財源となる調と庸は、成人男性にのみ課された税で、女性には課されなかった。

このほかに雑徭と呼ばれる労働負担も定められているが、これもまた成人男性に課される負担である。さらに軍団を構成する兵士たちも、成人男性から徴発されたのである。

こうして、中国から導入した律令制により、成人男性の労働力を軸とする制度設計が行われたのである。

戸籍や計帳といった、人民一人ひとりを把握するための帳簿も、そのためにつくられた。ひとつの戸に税金を徴収することができ、兵士として活躍できる成人男性が何人いるかが、古代国家のもっぱらの関心事となったのである。戸籍のうえで、男女の別、さらには年齢までを事細かに書き分けているのはそのためである。

こうして、律令制を導入した古代の国家は、成人男性を労働力の中心に据えた国家となった。私たちが学ぶ歴史の教科書にも、租・調・庸の税制や、軍団兵士制といった記述がならび、あたかもこの時代、男性に大きな社会的役割が与えられていた、と思ってしまいがちである。

「古代の常識」を覆す事実

しかし、こうした歴史の理解には、大きな落とし穴がある。

税を納める人物は、たしかに成人男性ではあるが、それはあくまでも規定上の話で、実態としては、男女が協働して税を納めるための生産活動を営んでいたと考えるべきである。

なかなかこうした実態を明らかにすることは難しいが、地中から出土する木簡(もっかん)に、そうした実態をうかがわせるものがある。

福島県いわき市の荒田目条里（あっためじょうり）遺跡から出土した平安時代前半（九世紀半ばごろ）の木簡に、次のような内容のものがある。

・「郡符　里刀自、手古丸、黒成、宮沢、安継家、貞馬、天地、子福積、奥成、得内、宮公、吉惟、勝法　円隠、百済部於用丸、真人丸、奥丸、福丸、蘓日丸、勝野、勝宗、貞継、浄人部於日丸、浄野、舎人丸、佐里丸、浄継、子浄継、丸子部福継『不』足小家、壬部福成女、於保五百継、子槐本家、太青女、真名足『不』子於足『合卅四人（三四）』
右田人為以今月三日上面職田令殖可扈発如件

・「　奉宣別為如任件□（宣カ）
大領於保臣　以五月一日　」

いささか長い内容だが、これは、陸奥国磐城郡（むつのくにいわきごおり）の郡司が配下の民衆に命令を出した郡符木簡と呼ばれるものである。冒頭の「郡符（ふ）す」とは、郡が命令する、という意味である。当時、郡の役人である郡司は、地域社会において絶大な権力をもっていた。

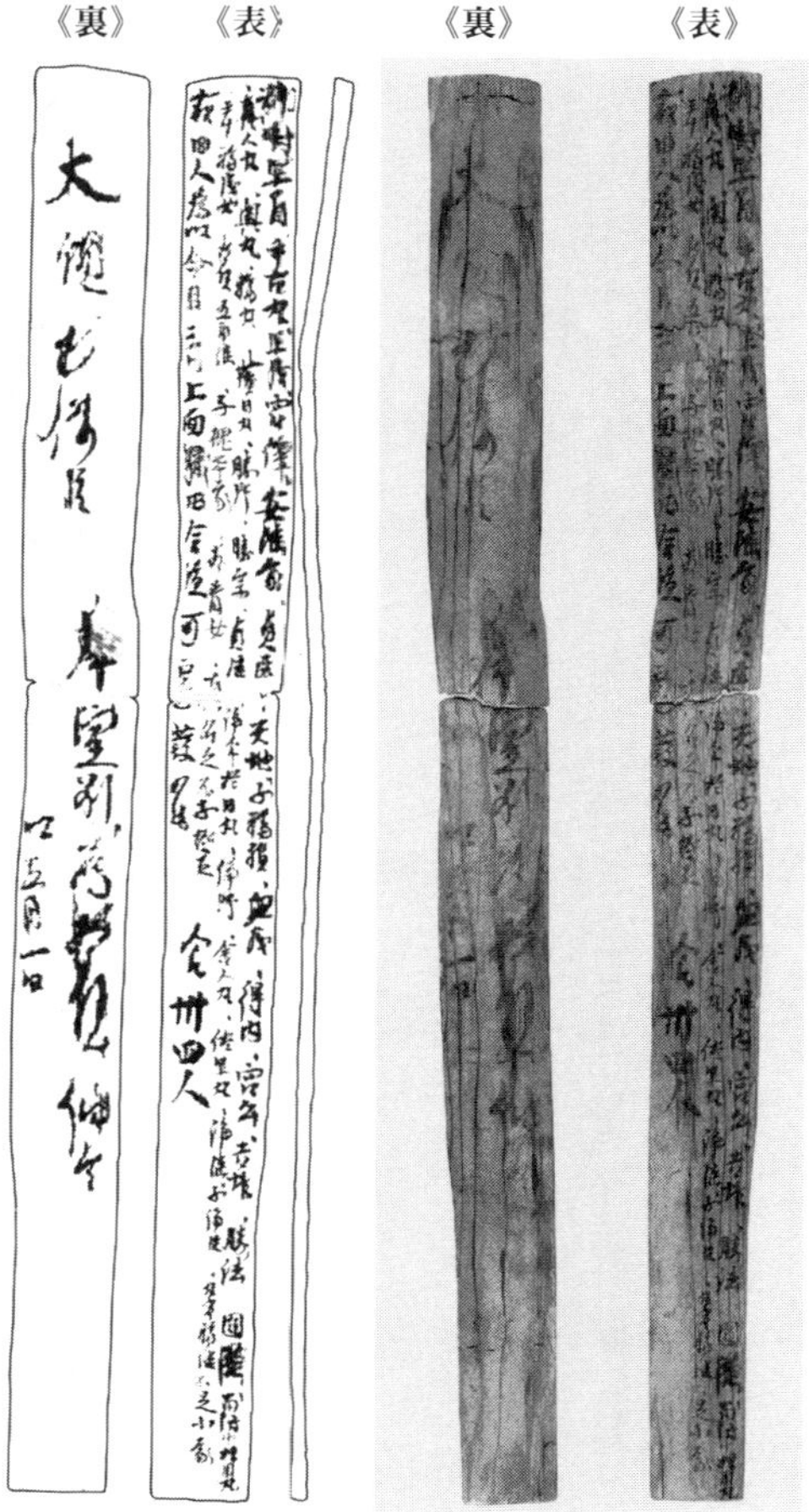

「郡符す」の下には、「里刀自」以下「子於足」まで三六名の名前が連ねられている。
三六名の筆頭にあがっている「里刀自」とは、「里」の「刀自（有力女性）」、すなわち村の有力女性であり、この郡符木簡の実質的な宛先にあたる。里刀自を含めた三六名の名前が記されたあと、「右の田人たちは、今月（五月）三日に郡司の職田（国家から郡司に与えられた田）に出向いて、田植えを行え」と命令している。名前の上の「、」はチェック記号で、三六名のうち二名の名前の

《裏》《表》《裏》《表》

荒田目条里遺跡出土２号木簡および実測図　木簡の表面では、里刀自（村の有力女性）以下 36 名に対して田植えを行うよう命じている。裏面には郡司の大領（長官）の署名が大きく書かれている。

上には「不」という文字があり、実際には三四名が田植えに参加したことがわかる。
裏面には、郡司の長官である大領（たいりょう）の於保臣（おおのおみ）の自署が大書され、「宣をうけたまわりて、別に件の宣に任せるがごとくせよ」、すなわち命令を受け取ったらそのとおりに実行しなさい、と念を押している。

ここで重要なのが、田植えのために呼び出された三六人の筆頭が、女性であるということである。村の有力女性である「里刀自」は、村の農業労働力を束ねる存在だったのではないだろうか。

国家にとって重要なものは「農桑」、すなわち、農業生産と織物生産であるとする考え方が中国にはある。その影響を受けて、日本においても、男性は農業生産、女性は織物生産に従事するのが理想の労働とされていた。しかし、これはあくまでも建前の世界であり、実際には、農業生産も織物生産も、男女の協業により行われていたのである。機織りは女性の仕事、とイメージしてしまいがちだが、必ずしもそうではない。長野県千曲（ちくま）市の屋代遺跡群から見つかった八世紀前半の木簡に、次のような内容のものがある（一部、判読不能の部分がある）。

□　金刺部富止布手（　□　布手
刑部真□布（　酒人□（石）布手（　金刺　舎人（ママ）真清布手（」

男性の名前が列記され、その下には「布手」の文字、さらにその下に「〳」というチェック記号が確認できる。「布手」の「布」は麻布、「手」は「織手」などと同様、工人を意味し、つまりは布の織り手を意味する言葉であると考えられる。つまりこの木簡は、布の織り手の労働力に関して、なんらかの記録を記した木簡であると考えられる。

重要なのは、ここに記載されている人名が、いずれも男性名と考えられ、布の製織が男性を動員して行われているという点である。一般に女性の労働と考えられている機織り作業が、実態としては男女ともに携わっていた作業であったことを示す資料としても貴重である。

律令の建前の世界ではまったくみえないことが、このように木簡によって浮かび上がってくるのである。

歴史を見つめる目

さて、古代の税についてもう少し述べよう。教科書によれば、租・調・庸・雑徭といったものが古代の税であり、その多くは成人男子が負担する建前となっていたことをすでに述べた。だが、当時の民衆が苦しんでいたのは、こうした税だけではなかった。むしろ、税以上に重いと思われる負担が地域社会には存在した。それが、出挙（すいこ）である。

出挙とは、春に種籾（たねもみ）を民衆に貸し付け、秋に三割から五割の利息とともに返納させる制度である。

もともとは、地域社会の農業生産を維持するための社会慣行だったと思われるが、利息分が収入になることから、古代国家はこの社会慣行に注目し、実質的な税として民衆から取り立てるようになった。そして国家はこの出挙の利息を、地域社会を運営していくうえでの主要な財源としてあてにするようになったのである。

出挙は律令には規定されていないので、これがどのように徴収されていたのか、その実態はみえにくい。だが、やはり各地から出土した木簡を検討すると、この負担は男性だけではなく、女性にも等しく賦課されたことが明らかになってきたのである。

田中真人広虫女（イメージ） 讃岐国美貴郡の郡司の妻で、莫大な財力を背景に民衆に対して高利貸しや酒の販売を行った。

平安時代初期の仏教説話集『日本霊異記』下巻二六話には、讃岐国美貴郡（現、香川県三木町）の郡司の妻田中真人広虫女が、酒を小さな枡で貸して大きな枡で取り立てたり、稲を高利で貸し付けたりして富を得ていたという説話が伝わっている。地域社会の有力女性はまた、出挙によって富を蓄積する経営者としての側面も持ち合わせていたのである。

律令制という建前の世界だけで考えると、

社会における成人男子の役割が大きかったととらえてしまいがちである。だが律令制という外皮をひと皮むくと、実際の地域社会では、男女が協業し、ともに負担を分かち合っていた本来の社会のあり方が浮かび上がってくる。

なぜ私たちはこれまで、律令という建前の世界に縛られた歴史の見方をしてきたのだろうか。なぜ、歴史のなかの女性の役割について、等閑視してきたのだろうか。そこには、いまの社会におけるジェンダーの状況が、少なからず影響を与えているように思えてならない。歴史を見つめる目は、現代を見つめる目と不可分の関係にあるからである。

歴史とは、じつに多面的な世界である。ひとつの立場からものを見ると、そのようにしか見えなくなる。だが、別の視点から見ていくと、さらに豊かな描き方が可能となる。ジェンダーもまた、その可能性を広げる重要な視点である。ジェンダーという視点を取り入れることで、いままで思いもよらなかった豊かな歴史像が見えてくるのである。そしてそれは、いまの社会をとらえ直し、変えていくためのヒントにもなるのではないだろうか。

第二章

時空を越えて、歴史は再生産される

時空
歴史
再生産

「歴史上の人物」は、尊敬の対象になりうるのか

ある学生の就活相談

大学の教員をしていたころ、就職活動をしている学生が相談にやってきた。

「就職の面接で『尊敬する人物は？』と聞かれたら、親とか先生とか、身近な人を答えてはいけないそうです。歴史上の人物を答えるようにと言われました。でも、私が本当に尊敬するのは両親なんです。どうしたらいいでしょう？」

私は驚いた。「本当にそんなことを言われたの？」

「ええ」

就職の面接のときに尊敬する人物を聞かれたら歴史上の人物を答えなければならない、というのは、たぶん都市伝説のようなもので、肉親と答えたら面接で落ちるとか、実際にはそんなことはないと思う。おそらく身近な人をあげるのは安易なので、歴史上の人物をあげて自分の知識を披露するのがよい、といった程度のことなのだろう。

しかし歴史を勉強している私からすれば、会ったこともないような歴史上の人物を尊敬することほど危なっかしいことはない。

なぜなら、歴史上の人物の評価は、時代によって変化するものだからだ。歴史の研究者といえども、歴史上の人物の本当の姿に迫ることは、じつはとても難しい。

いま私たちが知りうる歴史上の人物の評価というのは、あくまでも現在の私たちの価値観にもとづく評価にすぎない。もっといえば、私たちの時代に都合のいいように、その人物を評価してしまっている可能性もあるのだ。

邪馬台国の女王、卑弥呼の実像

ひとつ例をあげよう。

卑弥呼（ひみこ）、といえば、学校で歴史を習った人ならば誰でも聞いたことのある名前だろう。西暦三世紀、日本列島のどこかに存在したとされる邪馬台国（やまたいこく）の女王である。

卑弥呼はどんな人物だったのか。そのことを知るための唯一の手がかりが、中国の歴史書である「魏志倭人伝（ぎしわじんでん）」という史料である。卑弥呼の時代とほぼ同時代に書かれた「魏志倭人伝」には、当時の中国王朝のひとつである魏の使者が、当時「倭（わ）」といわれていた日本列島に渡り、そこで見聞きしたことが記されている。

「魏志倭人伝」のなかの卑弥呼についての記述をまとめると、およそ次のようになる。

二世紀後半ごろの倭国大乱を収拾するため、それまでの男王に替わって「共立」されたのが卑弥呼である。卑弥呼は「鬼道」と呼ばれる宗教のようなものをあやつり、民衆の心をつかんだという。また、夫をもたず、多くの兵士に守られながら宮殿の奥深くに住み、その姿を見るものはほとんどいなかった。わずかに辞を伝える男性がいたほか、男弟が政治の補佐をしていた。二三九年、卑弥呼が魏の洛陽に使者を遣わすと、魏の皇帝は卑弥呼に「親魏倭王」の称号と金印紫綬を授け、同時に銅鏡百枚、織物、真珠、大刀などが下賜された。翌二四〇年にも使者を送るが、かねて不和であった狗奴国(くなこく)と戦争状態に入り、二四八年ごろに卑弥呼は没した。そして大きな墓がつくられた。

卑弥呼についてわかるのは、たったこれだけのことである。ここから、卑弥呼に対するどのようなイメージが浮かぶだろうか。

これまでの研究者は、私も含めてだが、次のように考えていた。

「鬼道」という宗教をあやつり、人心を掌握していたということは、非常に呪術的な力で民衆を支配していたということを意味する。たとえば未来が予言できるとか、そういう不思議な力をもった女性ということで、人びとは卑弥呼のもつ不思議な力に魅了され、彼女に付き従っていったのではないだろうか。「その姿を見るものはほとんどいなかった」という記述からも、卑弥呼の神秘性がうかがえる。そして弟が政治の補佐をしていたと書かれているから、本当は、実際に政治を行っていたのは弟のほうだった可能性がある。

『卑弥呼』 画家の安田靫彦（1884〜1978年）は、卑弥呼に関して2枚の作品を残している。ひとつは背景に阿蘇山を描き、邪馬台国九州説にもとづいて描いている（上の写真）。もうひとつは背景に三輪山を描き、邪馬台国畿内説にもとづいて描いたものである。

呪術のような不思議な力で人心を掌握し、神秘的な存在として女王に君臨していた、これが卑弥呼の人物像としてなんとなく定着している。研究者だけではない、おそらく学校で歴史を学んだ人なら、おおかたこのようなイメージで卑弥呼をとらえているのではないだろうか。

しかしこうした人物像は、本当に正しいのだろうか？

「魏志倭人伝」の後段をみていくと、卑弥呼は魏の洛陽（らくよう）に使者を遣わして、皇帝から「親魏倭王」の称号と金印、さらには銅鏡や織物、真珠、大刀などをもらっている。これだけ皇帝から厚遇を受けたということは、卑弥呼自身に相当な外交能力があったとみることも可能なのではないだろうか。

また、かねて不和であった狗奴国と戦争を起こした、という記事から、卑弥呼がみずから陣頭指揮を執り、この戦争を進めていった可能性も十分に考えられる。

弟が政治の補佐をしていたとあるが、弟が実質的に政治を行っていたとは書いていない。文字どおり、卑弥呼の補佐をしていたにすぎない可能性もある。

つまり卑弥呼を、政治的手腕があり、外交能力に長（た）けた人物であったと評価することも可能なのである。

にもかかわらず、なぜ卑弥呼は、その神秘性ばかりがいままで強調されてきたのだろう。

その答えはおそらく、卑弥呼が女性だったことと関係するのではないだろうか。卑弥呼が女王になり得たのは、その政治的手腕や外交能力が評価されたからではなく、女性のもつ神秘性とか、祈りの力だとか、そういったもので人びとを引きつけたからに違いないと、そういう先入観が私たちにあったからではないだろうか。

つまり、もともと王になりうるのは政治的手腕の優れた男性であるという固定された認識が、卑弥呼の政治的手腕や外交能力に目をつぶらせ、神秘的な人物像をつくり上げてしまった可能性はないだろうか。そこには、「政治的支配者はもっぱら男性である」という、多くの人びとがなんとなく抱いている思考の枠組みが、色濃く反映されていると考えざるを得ない。

そうした固定観念から解き放たれ、いま残されているさまざまな史料を読み直すと、古代には「女帝」(女性の天皇)も含め女性の支配者が数多く存在し、しかも彼女らは、神秘的な力だけではけっして説明できない政治的実力を兼ね備えた人物であった実態がみえてくる。

性別によらず能力によって正当に評価されることが目ざされている現代社会では、卑弥呼の人物像も今後大きく変わっていくかもしれない。

歴史上の人物の評価は難しい

ここまで読んできた読者はもうおわかりだろう。歴史上の人物の人物像とは、その時代の価値観や要請によって、いくらでも変わりうる、ということなのである。ある時代に批判的な評価を受けた人物が、別の時代に高い評価を受けるなどということは、いつでも起こりうる。そのように考えれば、うかつにも尊敬する人物を歴史上の人物に求めることはできないことがわかるだろう。

さて、冒頭の学生の相談に、私はどのように答えたのか。

「もし面接で『歴史上の人物で尊敬する人は誰ですか？』と聞かれたら、このように答えたらどうでしょう。『私は大学で歴史を勉強してきました。歴史を勉強すればするほど、私が思い描いていた歴史上の人物の人物像が、必ずしも正しいとは限らないことに気づきました。そうして私は、歴史上の人物よりも尊敬すべき人物は自分の身近にいることに気づいたのです』と。こうすれば、躊躇することなく身近にいる人を尊敬する人物としてあげることができるでしょう」

このアドバイスが、就活に功を奏したかどうかは、わからない。

大学図書館で偶然発見した、ひとつの拓本の謎

大学図書館に眠っていた拓本

歴史上の人物の評価は時代によって変わりうる、ということを述べたが、そのことを実感した私の調査経験について、お話ししたい。

私が山形大学の教員をしていた二〇一二年夏のことである。山形大学の小白川(こじらかわ)図書館の書庫で、偶然にあるものを見つけた。大きな石碑の拓本だった。

拓本とは、石碑に紙を当て、墨を使ってそこに刻んである文字・模様を写し取ったものをいう。石碑は、石の表面を彫って文字をつくり出すので、拓本をとると、文字の部分が白く抜けて写し出されることになる。

正確にいえば、このときに私が図書館で見つけた拓本は、二点だった。ひとつは、四世紀末から五世紀初めにかけて活躍した高句麗(こうくり)の広開土王(こうかいどおう)の石碑の拓本である。現在も中国の吉林省(きつりんしょう)集安市(しゅうあんし)に存在し、現物の碑は世界遺産に登録されている。高さ六メートルもある大きな石碑で、当然、拓

物部守屋　安田靫彦が明治41年（1908）に制作。当初は、聖徳太子、蘇我馬子との三部作を予定していたという。

本もそれと同じ大きさである。この拓本をめぐっても私はさまざまな調査体験をしたのだが、それについてはあとで述べる。

もうひとつは、「物部（もののべ）守屋（もりや）大連之碑（おおむらじのひ）」という石碑の拓本である。こちらの拓本も、二メートル五〇センチほどの大きな拓本だった。

これらの拓本がどうして山形大学の図書館に眠っていたのか。大学の関係者にいろいろと聞いてみたが、その理由はまったくわからなかった。どういう経緯かわからないが、これらの拓本がずっと前から、図書館の奥深くに眠っていたのである。もちろん、このふたつの拓本は別々の経緯でもたらされたものであろう。

広開土王碑というのは教科書にも出てくる有名な石碑なのですぐにわかったが、一方の「物部守屋大連之碑」とは、初めて聞く石碑である。

ただ、日本古代史を専攻している私にとってはもちろんだが、古代史を専攻していない人にとっても、「物部守屋」という人名は聞いたことがあるだろう。教科書にも出てくる有名な古代の豪族である。

朝鮮半島の百済から日本列島に仏教が伝来したのが六世紀半ばといわれている。このとき、ヤマト王権の有力豪族の間で、仏教を受け入れるべきかどうかについて意見が対立した。仏教を受け入れるべきとする蘇我稲目と、仏教を排斥しようとする物部尾輿による、いわゆる「崇仏論争」がそれである。外来宗教である仏教は、それまでの伝統的な価値観を脅かす恐れがあるとして、保守的な豪族たちがその受け入れに反対していたのである。その筆頭が、有力豪族の物部氏であった。

蘇我氏と物部氏の対立

年号	主なできごと	大臣	大連
		〈蘇我氏〉 崇仏派	〈物部氏〉 排仏派
538	蘇我稲目と物部尾輿による崇仏論争がおこる。	蘇我稲目 →対立←	物部尾輿
587	蘇我馬子が厩戸皇子（聖徳太子）らとはかって物部守屋を滅ぼす。	馬子 →対立←	守屋 → 滅亡
588	蘇我馬子が飛鳥寺の造営を開始する。		

この当時、物部氏は「大連」、蘇我氏は「大臣」として、それぞれヤマト王権の中枢をになう豪族であった。崇仏論争は、一方で、ヤマト王権の主導権を握るための政治的対立であったともいえる。

この対立は、それぞれの子である蘇我馬子と物部守屋の代まで続き、最終的には蘇我馬子が厩戸皇子（聖徳太子）をはじめ、多くの豪族を味方につけて物部守屋を滅ぼすことで決着した。

そして勝利した蘇我馬子は、初めての本格的な仏教寺院である飛鳥寺を、奈良県飛鳥の地に建立したのである。

以上の歴史は、奈良時代の養老四年（七二〇）に編纂された公式の歴史書である『日本書紀』に記録されている。

『日本書紀』によれば、物部守屋は、蘇我馬子との争いに敗れた豪族として描かれており、いわば敗者である。蘇我氏は、その後の政治に華々しく登場するが、それに比べると物部守屋は、いたって地味なのである。

「物部守屋大連之碑」拓本の調査開始

ではいったい、「物部守屋大連之碑」とはどんな碑なのか？　まずは、拓本そのものの状態を調査することにした。

拓本は、掛軸の形に表装されていた。向かって左側がやや傷んでいたが、拓本そのものの状態は良好であった。

画仙紙と呼ばれる上質の和紙を三紙、貼りついでいる。貼りつぎ方は、のりしろを五ミリ前後とり、きわめて丁寧な貼り合わせ方をしている。

掛軸の法量（寸法）は、縦が三〇〇センチ、横が二〇一センチで、拓本じたいの法量は、縦が二五四・五センチ、横が一八七センチである。

三紙がきわめて丁寧な貼り合わせ方をしていると書いたが、これは拓本をとる前に、石碑の大きさに合わせてあらかじめ三紙を貼り合わせ、その状態で拓本をとったものと思われる。

全体的に、墨のムラがなく、非常に均等に墨がいきわたっている。拓本に詳しい方に聞くと、石碑が立っている状態でこのように拓本をとることは難しく、石碑を立てる前に、碑石を寝かせた状態で拓本をとった可能性があるのではないか、とのことであった。

私のなかにある漠然とした常識では、拓本はふつう、立っている状態の石碑からとるものだと思っていたが、石碑を建立する前に、石碑を寝かせた状態で拓本をとる場合もあり得たということに驚いた。

このことは何を意味するのか。拓本をとった人は、この石碑が建立される以前に、完成された石碑に触れる機会があった、ということである。つまり、石碑の建立にかかわった人により、拓本がとられた可能性が高いのである。

次に、この石碑の全体を見わたしてみよう。石碑の上部には、縦書きで二文字ずつ文字を配して、「物部守屋大連之碑」という題字が書かれているのだが、その書体は楷書ではなく、篆書（てんしょ）という書体である。これを「篆額（てんがく）」という。あとにも触れるが、石碑の記載によれば、この篆額を揮毫（きごう）した人物は、「陸軍大将議定官大勲位有栖川（ありすがわ）熾仁（たるひと）親王」という人物である。

篆額の下に、石碑の本文が縦書きで記されている。これもあとで触れるが、この石碑の本文を作文し、文字を認めたのは、「枢密院副議長従二位勲一等伯爵東久世通禧」という人物である。

石碑の本文の末尾には、この石碑がつくられた年が記されており、それによれば、明治二六年（一八九三）一一月にこの石碑がつくられたのだという。つまりこれは、近代になってつくられた

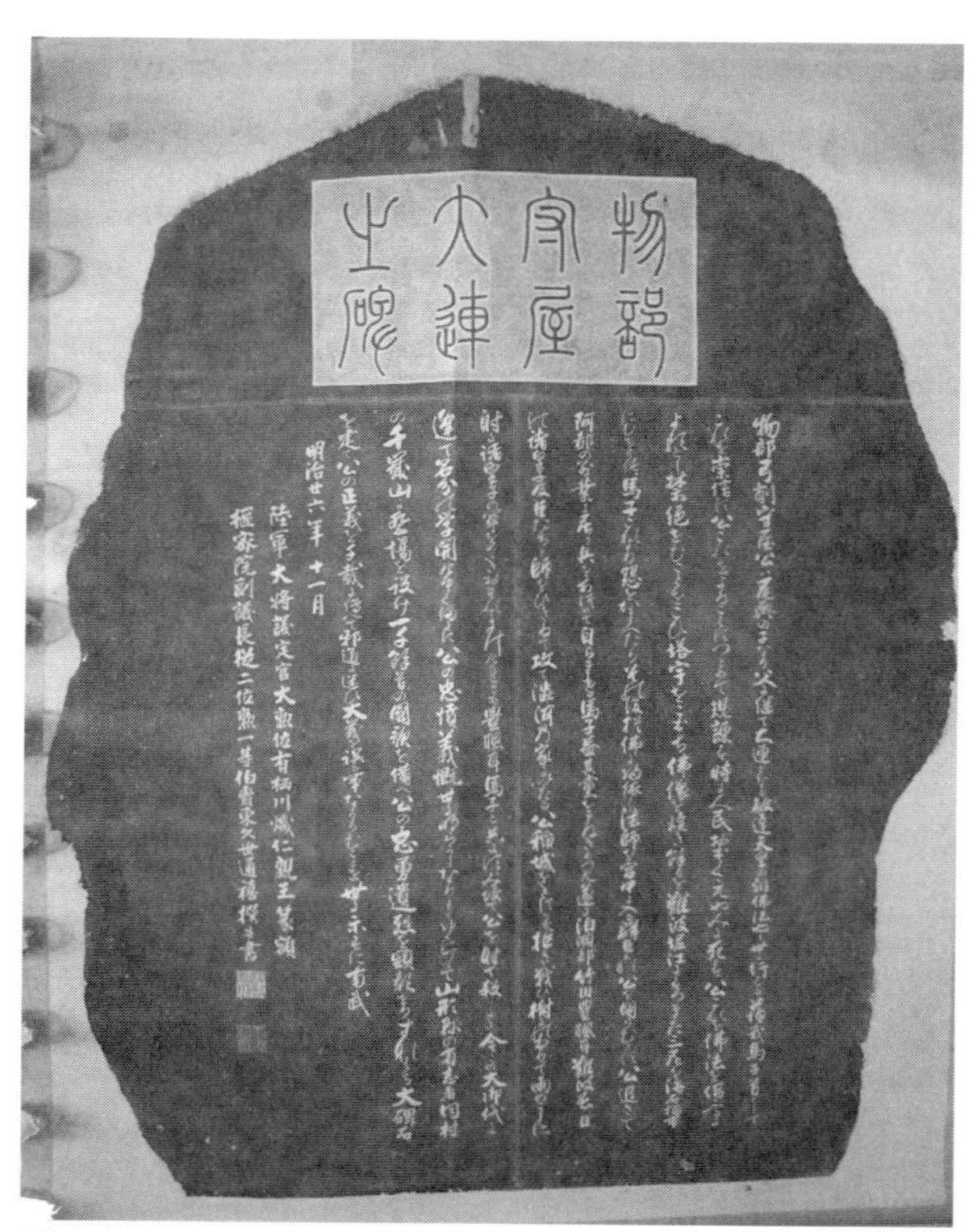

「物部守屋大連之碑」拓本　山形大学小白川図書館の書庫に眠っていた拓本。左側がやや傷んでいたが、ほぼ良好な状態で残っていた。

石碑である。

さて、この石碑は、いったいどこにあったものだろうか？　そもそもこの石碑は、現存しているのだろうか？

調べてみたところ、この石碑は、山形市の千歳山（ちとせやま）という山のふもとに建てられた石碑であることがわかった。

山形市の千歳山は、山形市街地の東部にある標高四七一メートルの山である。古くから「阿古耶（あこや）の松」の精と「阿古耶姫」の悲恋伝説が有名な山で、地元では信仰の山として大切にされてきた。

山形市街地位置図

私は驚いた。この石碑は、私が勤務する山形大学から目と鼻の先にある、千歳山に建立されていたのである。

それと同時に、いくつもの疑問が浮かんできた。なぜ、山形とは縁もゆかりもない物部守屋という古代豪族に関する石碑が、山形の千歳山のふもとにつくられたのか。なぜ、明治二六年という時期に、古代豪族のひとりである物部守屋に関する石碑がつくられたのか。

少し前置きが長くなったが、次にいよいよ、石碑の内容をみていくことにしよう。

「悪人」物部守屋は、なぜ「正義の人」に生まれ変わったのか

「物部守屋大連之碑」が語る内容とは？

山形大学の小白川図書館の書庫で眠っていた「物部守屋大連之碑」と題する石碑の拓本を見つけてしまった私は、この石碑がどのようなものであるのかに興味をもち、調べることにした。
明治二六年（一八九三）に山形でつくられた「物部守屋大連之碑」という石碑の碑文の内容は、次のようなものだった。原文は古文体だが、現代語訳してみよう。

物部弓削守屋公は、尾輿の子である。父を継いで大連となった。敏達天皇の時代、仏法が世に行われるようになると、蘇我馬子大臣を筆頭にこれを崇信した。守屋公はこれを喜ばず、つとめて規諫（「戒め」の意）した。時に人民は、病気で死ぬものが多く、守屋公はこれを仏法を唱えたことによると考え、仏教を禁絶しようとして、塔宇を破壊し、仏像を焼き、残りを難波の堀江に棄てた。また、三人の尼を海石榴市においてむち打ちの刑にした。

蘇我馬子はこのときから怨みをもつようになった。その後もなお仏に帰依し、法師を宮中に入れた。群臣はみな守屋公を攻めようとした。守屋公は阿都の別業（別荘）に退去し、兵を集めて自らを守ろうとした。馬子はますますその仲間を集め、ついに泊瀬部皇子・竹田皇子・豊聡耳皇子（聖徳太子）・難波皇子・春日皇子の諸皇子および臣たちを率いて、攻撃をするために渋河の家に至った。守屋公は稲城（稲を積んで矢を防いだ柵）を築いて防戦し、さらに樹に登って雨のごとくに矢を射た。諸皇子の軍は恐れおののいて退いてしまったが、豊聡耳皇子は、馬子とともに守屋公を攻撃して、守屋公を矢で射て殺してしまった。

いま、名分の学が開きゆくこの大御代（天皇が治められる世）に、守屋公の忠憤義慨が世に明らかになってゆくにつれて、山形県の有志の者が、同村の千歳山に祭場を設け、一千首余りの国歌を備え、守屋公の忠勇遺烈を顕彰するものである。すなわちここに大碑石を建て、守屋公の正義を後世に永く伝えて、邪道に迷い、大義を誤ることがないように、世に示すのである。

明治二十六年十一月

陸軍大将議定官大勲位有栖川熾仁親王篆額

枢密院副議長従二位勲一等伯爵東久世通禧撰并書

この碑文の前半部分にあたる、物部守屋の事蹟のもとになっているのは、奈良時代の養老四年（七二〇）に成立した歴史書『日本書紀』の敏達天皇紀の記事である。碑文は、敏達天皇紀の記事を、ほぼそのまま引き写しているといってよい。

『日本書紀』に描かれている物部守屋は、じつに悪逆非道である。「仏教を禁絶しようとして、塔宇を破壊し、仏像を焼き、残りを難波の堀江に棄てた。また、三人の尼を海石榴市においてむち打ちの刑にした」という部分は、物部守屋がかなり暴力的に仏教を排除している様子を描いている。つづいて、蘇我馬子との戦いの場面では、「樹に登って雨のごとくに矢を射た」という表現があり、このあたりの描写もやや暴力的である。そして最終的には、蘇我馬子と豊聡耳皇子によって、物部守屋は殺されてしまうのである。

なぜ、『日本書紀』において物部守屋は、低い評価を与えられてしまったのだろうか。それは、古代の日本において、仏教が先進的な文物を伝える役割を果たしていたためである。先進的な文物を排斥する守屋の評価が低いのは、ある意味で当然なのである。

だが、この碑文の趣意はまったく違う。この碑文の最後には、「守屋公の忠憤義慨」がしだいに明らかになっていったこともあり、山形県の有志の者が、彼の「忠勇遺烈」を顕彰するために、この碑を建てたとある。「守屋公の正義を後世に永く伝えて、邪道に迷い、大義を誤ることがないように」、この石碑を建てて世に示すのだと結んでいる。

前半部分、すなわち物部守屋の事蹟の部分だけを読むと、守屋はなんとひどいことをする人だと思ってしまう。それは当然である。なぜなら、この碑文のもとになった『日本書紀』に、そう書いてあるからである。『日本書紀』は、物部守屋のことを、仏教を暴力的に排斥した悪い人物として描いている。そして碑文はそのニュアンスをも、そのまま引き写している。

それにもかかわらず後半では、物部守屋を忠義に厚い人物として顕彰しているのである。だが、具体的にどのような「忠憤義慨」「忠勇遺烈」なのかは、この碑文からは読み取れない。

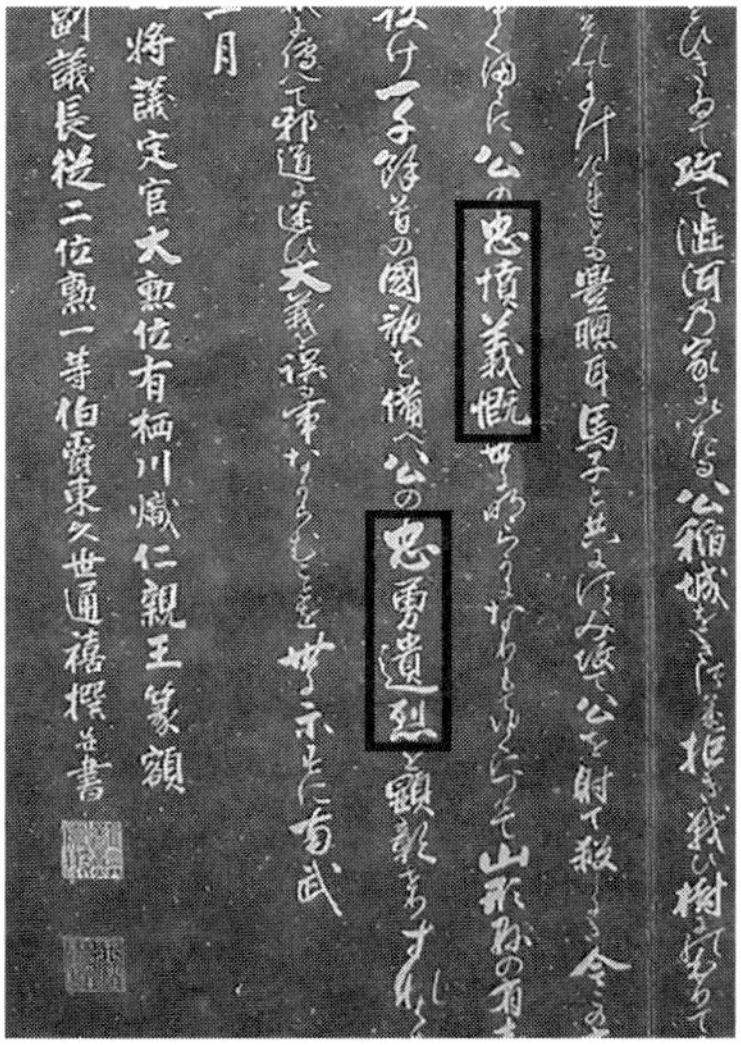

この碑文が、前半と後半でなんとなくちぐはぐな感じがするのは、物部守屋を悪人として評価している『日本書紀』の記事をほぼそのまま引用しておきながら、後半で唐突に物部守屋を顕彰していることに原因があるように思う。

物部守屋大連之碑拓本（部分）「忠憤義慨」「忠勇遺烈」の語がみえる。

いずれにしても、『日本書紀』には仏教を暴力的に排斥する人物として描かれ、最後は崇仏派によって滅ぼされてしまったはずの物部守屋は、明治時代以降、忠義に厚い人物としてその評価を一変させてしまうのである。

これはいったいなぜなのか。

「悪人」物部守屋が、一転「正義」の人に

物部守屋の仏教排斥に関連して思い浮かぶのは、明治初年に行われた廃仏毀釈である。明治維新後、政府は神道を国家統合の精神的支柱としようとした。前近代においては、神仏習合の考え方が一般的で、神道と仏教がごく自然に結びついて信仰されていたが、明治政府は仏教を外来の宗教であるとして、神道との分離を図ったのである。これがいわゆる神仏分離だが、こうした政府の方針のもと、各地ではこれが廃仏毀釈という形で、仏教の排斥運動につながったのである。この排斥運動により、寺院の伽藍（がらん）などが破壊されたりしたところもあった。

こうした廃仏毀釈の動きは、『日本書紀』で語られている物部守屋の仏教排斥ともよく似ている。明治初年の廃仏毀釈を経験し、これを是としてきた人たちにとって、物部守屋は、その先駆けの人物として、注目されたのではないだろうか。

さて、碑文の末尾にあるふたりの人物に目を向けてみよう。この碑の篆額を揮毫（きごう）した有栖川宮熾仁親王（一八三五〜九五年）は、江戸時代後期から明治時代の皇族、政治家、軍人である。明治天皇の信頼が厚く、明治政府樹立の際には、政務を統括する最高官職である三職（さんしき）のうち、もっとも地

位の高い総裁をつとめたほどの人物である。

書にも長けた人のようで、彼の日記を読むと、いろいろなところからひっきりなしに石碑の揮毫を依頼されていたことがわかる。「物部守屋大連之碑」への揮毫も、数ある依頼のうちのひとつだったのだろう。

次に、この碑の文章を書いた東久世通禧（一八三三〜一九一二年）は、江戸時代末期から明治時代にかけての公家、政治家である。晩年は、貴族院副議長、枢密院副議長などを歴任した。

このふたりに共通しているのは、幕末に尊王攘夷派として活躍し、長州藩との関係も深かった人物という点である。彼らは思想的にも、物部守屋を顕彰する石碑を制作することに共感し、これに積極的に協力したのであろう。

「物部守屋大連之碑」の建立は、明治時代前期の思想状況と密接にかかわりがあると考えられる。廃仏毀釈じたいは、明治初年の段階で終息しているので、直接の関係はないかもしれないが、石碑が建立された一九世紀末は、日清戦争など対外的な戦争がはじまることもあって、ナショナリズムが高揚していく時期にあたる。明治時代の国家が、国家神道に急速に傾倒していく過程で、仏教を排斥し在来の信仰を重んじようとした古代豪族物部守屋は、評価に値する人物としてとらえられるようになったのではあるまいか。

歴史上の人物が、時代の状況に応じて肯定的な評価になったり、否定的な評価に転じたりする。

「物部守屋大連之碑」は、そのことを端的に示す事例なのである。

さて、この石碑をめぐる話は、これだけにとどまらない。調べていく過程で、いろいろなことがわかってきたのである。次に、この石碑と、その拓本が歩んだ歴史について、もう少し詳しくみていこう。

石碑の拓本は、どうやってつくられたか

「物部守屋大連之碑」を建立した者たち

山形大学の小白川（こじらかわ）図書館の書庫で見つかった「物部守屋大連之碑（もののべのもりやおおむらじのひ）」やその拓本をめぐって調べていくうちに、さらに興味深い事実がいくつか浮かび上がってきた。

第一に、これはのちに石碑じたいを調査してわかったことなのだが、石碑の裏面にも文字が刻まれていて、そこには、「明治二十九年十二月二十三日建之」という建立年月日と、この石碑を建てた一三名の発起人の住所と名前、さらにはこの石碑の文字を彫った彫刻師三名の名前が記されていたことである。

これによると、一三名の発起人は、山形県の村山地方（現在の山形市を中心とする地域）から集まった人たち、しかも名士といわれる人たちであることがわかった。この石碑は、地元の名士たちにより、建てられたものであることが、明確になった。

また、建立年月日の明治二九年（一八九六）一二月二三日という日付は、碑文にみえる「明治

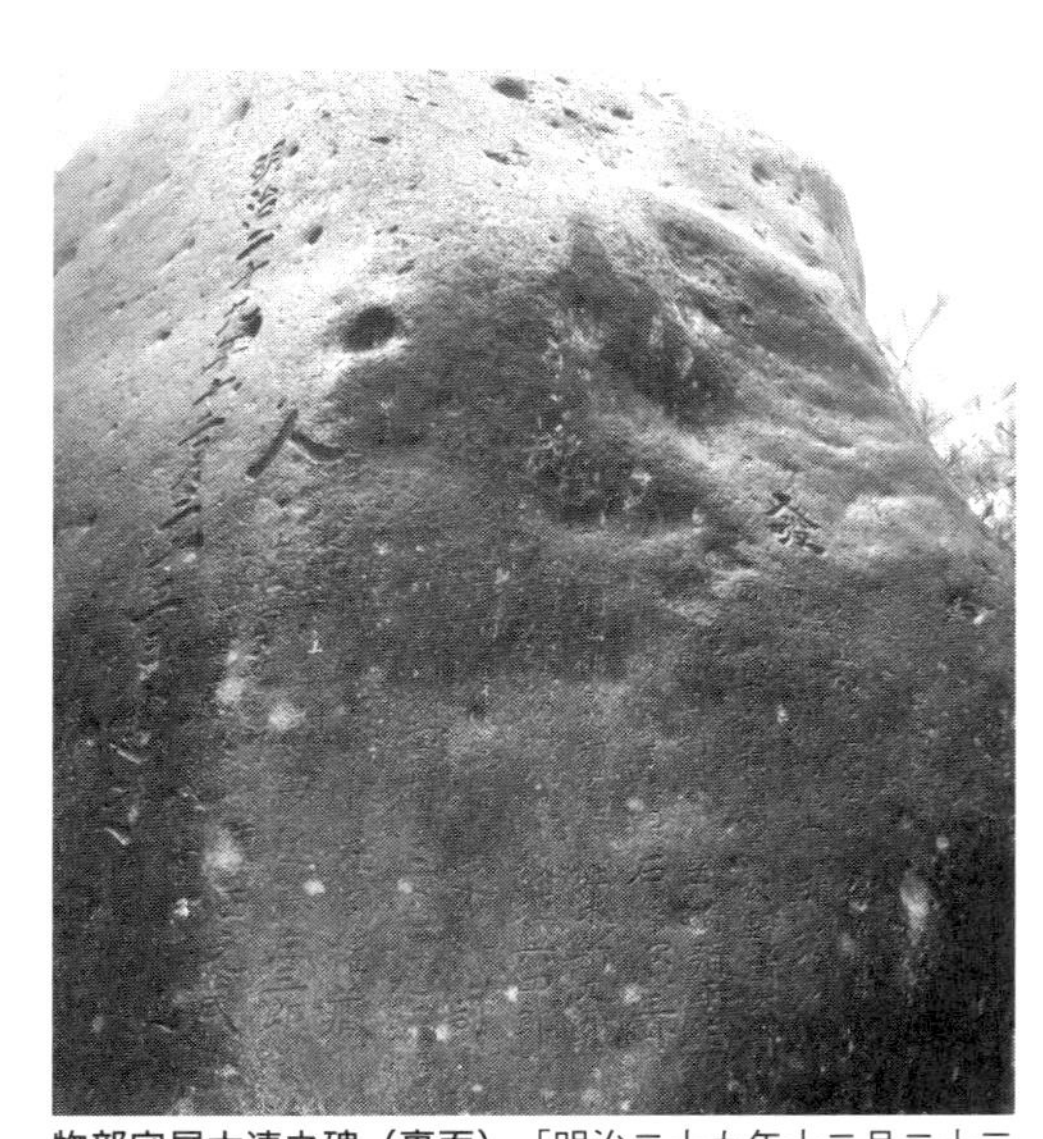

物部守屋大連之碑（裏面）「明治二十九年十二月二十三日建之」という建立年月日と発起人、彫刻師の名前が刻まれている。

二十六年十一月」という日付から、約三年後である。つまり、この石碑の碑文がつくられてから三年後に、石碑がようやく建立されたことを意味している。

石碑の裏面には、「彫刻師」として、この石碑を刻んだ職人の名前が三名記されている。このなかに、船越吉五郎という人物がいる。船越吉五郎は、文久三年（一八六三）に地元の南村山郡滝山村上桜田に生まれ、大正一四年（一九二五）四月に六三歳で他界した。東京の名石工宮亀年（みやかめとし）をして名工といわしめた職人であった。この石碑が非常に高い技術でつくられているのは、名工船越吉五郎の手によるところが大きいのであろう。

第二の興味深い事実とは、軸装されたこの石碑の拓本の裏面に、二通の公文書の写しが添付されていたことである。

一通は、当時の宮内省内事課長が、明治二九年一二月二六日付で山形県知事に宛てた公文書で、その内容は、現代語訳すると、次のようなものである。

山形県東村山郡楯山村の有志である総代佐藤恭順ほか三名より、大連物部守屋公の頌徳碑（しょうとくひ）の石摺（いしずり）（拓本）を献納したいと願い出た件について、今月八日に宮内大臣に上申したところ、許可をいただき、かつ拓本の現品も届いたので、御前（天皇）に差し上げたという旨を、県を通じて本人たちに通達してほしい。

これによると、「物部守屋大連之碑」の拓本が、当時の宮内省に献納され、最終的には明治天皇の御前に供せられたようである。その日付に注目すると、許可が下りた明治二九年一二月八日よりも前に、拓本が宮内省に献納されて、ほどなくして許可が下りたものと思われる。そしてそのことを、一二月二六日付の公文書で山形県知事に伝えたのである。

もう一通は、山形県知事が、明治三〇年一月七日付で当時の東村山郡役所に宛てた公文書で、その内容は、現代語訳すると、次のようなものである。

東村山郡楯山村の有志である総代佐藤恭順ほか三名より昨二九年一一月二七日付を以（もっ）て、大連物部守屋公の頌徳碑の石摺の献納を願い出た件について、宮内大臣に上申したところ、許可をいただき、かつ現品は御前（天皇）へ差し上げたとの知らせが届いたので、その旨、本人たちに通達してほしい。

これは、先の宮内省内事課長から山形県知事に宛てた公文書をうけて、今度は山形県知事が管内の東村山郡役所に宛てて出した公文書である。これにより、宮内省に献納した拓本が明治天皇に供せられたことが、宮内省→山形県→東村山郡というルートで、石碑を建立した有志たちにまで伝わったことがわかる。なお、この公文書によると、有志たちが宮内省に拓本を献納した日は、明治二九年一一月二七日となっている。

二通の公文書に出てくる「佐藤恭順」という人は、石碑の裏面に刻まれた発起人一三人のうちの、筆頭にあげられている人物である。

この二通の公文書の写しは、石碑を建立した有志たちが、その拓本を宮内省に献納したという事実を示しているが、興味深いのはそれだけではなく、石碑の建立までの過程が、ある程度復元できるということである。

石碑建立が先か？　拓本が先か？

これまでに出てきた年月日を整理すると、以下のようになる。

明治二六年（一八九三）一一月　　石碑の表面にみえる、碑文の作成年月
明治二九年（一八九六）一一月二七日　東村山郡楯山村有志が、石碑拓本の献納を宮内省に願い出る。
一二月　八日　拓本現品が宮内省に届き、宮内大臣の許可を経て御前（明治天皇）に供じる。
二三日　石碑の裏面にみえる建立年月日
二六日　献納された拓本が御前に供せられたことが、宮内省内事課長から山形県知事に通達される。
明治三〇年（一八九七）　一月　七日　山形県知事より東村山郡役所に、宮内省から通達があった旨が通達される。

ここで気がつくことは、石碑を建立した年月日である明治二九年一二月二三日よりも前の、一一月二七日の時点ですでに、石碑の拓本が宮内省に献納されていることである。これは何を意味するのか。

つまりこれは、石碑が建立される以前に、拓本がとられていたことを意味するのである。先に述べたように、この拓本は墨が均質に渡っており、ムラがないなどの点から、立っている碑から拓本

有栖川宮熾仁親王像　昭和９年に開園した有栖川宮記念公園（東京都港区）に立つ。明治期、この地は有栖川宮家の御用地だった。

をとったのではなく、立てる前に、完成した石碑を寝かせた状態で拓本をとったのではないかという可能性を述べたが、この二通の公文書は、そのことを裏づけるものである。

ここから、作成された拓本の意味について、ある仮説が浮かんでくる。

それは、石碑が完成したあと、建立される前にあらかじめ石碑を寝かせた状態で拓本が複数枚作成され、それを関係者に献納することが行われていたのではないか、という仮説である。

建立する前に、石碑を寝かせた状態で拓本をとるのは、石碑を建てた状態よりも、寝かせた状態のほうが、拓本がとりやすく、拓本の完成度が高くなるためである。つまり関係者などに配ったり、しかるべき人に献納したりする目的で、良質の拓本がつくられたのではないだろうか。

石碑は当然、現地に行かなければ見ることができない。だが、誰もが現地に行けるわけではない。石碑の存在を多くの人に知ってもらうには、拓本という形で見てもらう以外にないのである。そこで、石碑が完成すると、何よりもまず最初に拓本がとられ、それが関係者に配られたのではないだろうか。

この石碑の篆額(てんがく)「物部守屋大連之碑」を揮毫(きごう)した有栖川宮熾仁親王(ありすがわのみやたるひと)(一八三五〜九五年)は、書に優れた人で、各地から石碑の揮毫の依頼があったということをすでに述べたが、彼の日記を読むと、揮毫した石碑の拓本が謝礼として送られていたことが記されている。

たとえば、明治二五年一二月三〇日の彼の日記には、彼が篆額を揮毫した「磐梯山(ばんだいさん)災死者招魂碑」(磐梯山の噴火による死者の慰霊碑)の拓本が、揮毫の御礼として福島県知事から贈られたことが記されている。拓本は贈答用として、石碑を建立した当事者たちにより作成され、関係者に献納されたのである。

そしてその仮説を裏づける興味深い事実が発見された。次にそのことを述べよう。

「歴史を知る手がかり」は、どこからあらわれてくるのか

もうひとつの「拓本」の謎

明治時代の石碑である「物部守屋大連之碑（もののべのもりやおおむらじのひ）」の発見を機に、近代において歴史上の人物がどのように評価されていたか、そして、石碑と拓本の関係がどのようなものであったか、といったことが、次々と明らかになってきた。

さらにこの石碑の拓本を調べていく過程で、この拓本とまったく同じものが、別の場所に存在していることがわかった。京都大学附属図書館に、「物部守屋大連之碑」の拓本が所蔵されていることがわかったのである。

実際にこの拓本を調査してみると、紙の一枚の規格といい、貼りつぎ方といい、墨の使い方といい、山形大学小白川（こじらかわ）図書館所蔵のそれと酷似していることがわかった。おそらくこのふたつの拓本は、同時につくられたものであろう。

これにより、前述の仮説が確かなものとなった。すなわち、複数の関係者に献納するために、石

碑を現地に建てる前に、あらかじめ（石碑を寝かせた状態で）必要な枚数の拓本を作成しておいたことが、これにより実証されたのである。現存する拓本はいまのところ二点だけだが、本来は献納用にさらに多くの拓本が作成されていたと推定される。

それにしても、なぜ山形に所在する石碑の拓本が、京都大学附属図書館に所蔵されているのだろうか。どのような経緯で、この拓本は京都の地にもたらされたのか。

じつはこの拓本はもともと、京都の尊攘堂の収蔵品だったもので、それがのちに京都大学附属図書館に移管されたものだという。

尊攘堂外観　京都大学構内にあるこの建物は、1998年に国の登録有形文化財に指定された。

尊攘堂とは、明治二〇年（一八八七）に、長州出身の品川弥二郎（一八四三～一九〇〇年）が彼の師である吉田松陰の遺志を継いで京都に建てたもので、幕末・維新の勤王の志士の霊を祀り、関連資料・遺墨・遺品などを収集し、祭典を営んだという施設である。品川が死去したのちは、京都帝国大学への寄贈・移管が決定され、附属図書館が管理するようになった。収集蔵品は、はじめ掛物・巻物・帖・写真・額面・遺品・屛風など計一二四九点だったが、昭和一五年（一九四〇）には一三四九点となっている（『国史大辞典』）。この収蔵品のなかに、「物部守屋大連之碑」も含まれていたというわけである。

では、どういう経緯でこの拓本が尊攘堂にもたらされたのだろうか。残念ながらその経緯がわかる史料は残っていない。しかしながら、尊攘堂がこの拓本を所蔵していることは、考えてみればさほど不思議なことではない。

それは、「物部守屋大連之碑」の篆額を揮毫した有栖川宮熾仁親王も、碑文を作成した東久世通禧も、ともに長州藩と深いつながりのある人物だったからである。そればかりではなく、尊攘堂を創設した品川弥二郎とも個人的なつながりがあったのである。有栖川宮熾仁親王の日記を読むと、品川弥二郎が親王に石碑の篆額の揮毫を依頼している記事がいくつか見られる。想像をたくましくすれば、たとえば有栖川宮熾仁親王に献納された拓本が、品川弥二郎との個人的な関係で、尊攘堂に収蔵された可能性は考えられないだろうか。

いずれにしても面白いのは、古代豪族の物部守屋を顕彰する石碑が、縁もゆかりもない山形の地につくられ、そしてその拓本が、今度は石碑の所在する山形から遠く離れた京都にもたらされたという事実である。そこには、人と人とのつながりを介して、拓本という形で、情報や思想が猛烈なスピードで共有されていく過程をみてとることができるのではないかと思う。拓本もまた、情報伝達のための重要なツールだったのだ。

現代によみがえった石碑

さて、拓本のことばかり述べてきたが、気になるのはこの石碑の現物である。いま、この石碑の現物はどうなっているのだろうか。

私がこの石碑のある場所を最初に訪れたのは、二〇一二年五月のことである。山形市の千歳山のふもとにある千歳山公園に建っている、という情報だけをたよりに訪れたのであるが、公園の敷地はさほど広くはないにもかかわらず、すぐにこの石碑を見つけることはできなかった。

藪に埋もれた石碑　2012年5月当時、「物部守屋大連之碑」は、うっそうとした藪の奥にあった。

だがしばらくして、うっそうとした藪の奥に、石碑らしいものがあるのをぼんやりと確認することができた。もし何も知らずにここに来たら、石碑があるとは思えないほどのうっそうとした藪である。この石碑は、いまではまったく顧みられていない石碑となっていたのである。

せっかくここまで調査してきたのだから、石碑の現物を間近で見てみたいと思ったが、なにしろ藪がうっそうとしていて、ひとりでは石碑の近くまで近づくことができない。それに加えて石碑の表面もツタに覆われていて、全体に荒

石碑の掃除　2012年9月、山形大学有志によって石碑の清掃作業が行われた。

れはててしまっているのである。

困った私は、いろいろな人に相談し、まずは公園を管理する山形市にお願いして、石碑周辺の藪を取り除いてもらった。さらに、大学の教職員や学生の有志の方たちに協力してもらい、この石碑を復活させることにした。二〇一二年九月のことである。

石碑を覆っていたツタなどを取り除き、表面を掃除すると、石に刻まれた文字が鮮やかによみがえってきた。石碑はほとんど欠けることも風化することもなく、当時の面影をとどめていたのである。

拓本では、表の篆額と碑文だけしか確認できなかったのだが、このとき、石碑の裏側にも文字が刻まれていることを発見した。石碑の裏側には建立年月日と、この石碑を建てようとした発起人一三名の名前と、石に文字を彫った彫刻師三名の名前が刻まれていたことは、前に述べたとおりである。これにより、石碑を建てた主体者と、石碑の制作から建立に至る過程を明らかにすることができたのである。

それにしても、大学の図書館の書庫に眠っていた拓本を発見しなければ、いまごろ石碑も、うっ

蘇った石碑　石碑はほとんど欠けることも風化することもなく残っていた。

そうとした藪の中に埋もれたままだったかもしれないと思うと、歴史を知る手がかりというのは、じつに偶然の発見によるところが大きいといわざるを得ない。と同時に、石碑じたいが堅牢なものであっても、必ずしも未来永劫、その石碑のメッセージが残るとは限らない。人びとはしだいにその石碑の存在じたいを忘れてしまうこともあるということも痛感させられた。

だが、その時代、その時代に生きた人びとが、何を考えていたのかを知るには、こうした資料を一つひとつ掘り起こし、解釈を積み上げていく以外にはないのである。

これまで、ひとつの知られざる石碑をめぐる謎解きにおつきあいいただいたが、ここまで調べてきてもなお、なぜ山形の地に、山形とは縁もゆかりもない物部守屋の顕彰碑が建てられたのかという最初の疑問については、未解決のままである。物部守屋と山形とを直接結びつけるような事実はいまのところまだ確認できていない。この石碑をめぐる謎解きは、まだ道半ばといったところである。文字どおり「藪の中」にあった石碑は、いまようやく、茫洋と私たちの前に姿をあらわしたばかりである。

聖徳太子は本当に「万能の政治家」だったのか

歴史が語る聖徳太子の人物像

「物部守屋大連之碑（もののべのもりやおおむらじのひ）」という明治時代の石碑を取り上げ、歴史上の人物の評価が時代の要請によって変わっていく様子をみてきた。

この石碑で顕彰されたのは、崇仏論争で有名な古代豪族の物部守屋であったが、じつは彼だけではなく、彼を取り巻く人物、そしてその後に起こる歴史的事件もまた、時代によってその評価を大きく変えてきた。余談になるが、ここではそんなお話をしよう。

物部守屋を滅亡に追いやった蘇我馬子（そがのうまこ）や厩戸皇子（うまやど）（厩戸王）も、教科書に載るほどの有名な人物である。

厩戸皇子（五七四～六二二年）は、「聖徳太子」として知られる人物である。用明天皇の皇子で、叔母にあたる推古天皇の皇太子にして摂政となり、冠位十二階、憲法十七条の制定などにより内政を整備し、遣隋使を派遣して進んだ大陸文化の導入にもつとめた。また、朝鮮半島の百済（くだら）から伝来した仏教に帰依し、法隆寺や四天王寺を建立し、さらに、法華経・維摩経・勝鬘経の注釈書である『三経義疏』を著した。

と、ここまでは、養老四年（七二〇）に成立した日本最古の歴史書『日本書紀』に書かれていることであり、歴史の教科書にも載っていることである。

このイメージは近代以降も引き継がれた。古代国家の基礎を築き、仏教信仰に深い理解のあった偉大な政治家・思想家として定着し、昭和五年（一九三〇）以降、紙幣の肖像画としてもっとも多く登場するなど、「偉人」としてその人物像は再生産され続けたのである。

上宮太子画像（唐本御影模写） 唐本御影の原本は、「法隆寺献納宝物」のひとつとして、皇室に献納された。

こうした「万能の政治家」という聖徳太子のイメージは、はたして史実なのだろうか？ 先に述べたように、聖徳太子の功績は、彼の死後、一〇〇年あまりたって編纂された歴史書『日本書紀』で語られていることである。聖徳太子を理想の皇太子として、さまざまな業績が、聖徳太子ひとりに仮託された可能性があるのではないか、と考える研究者もいる。

厩戸皇子は後世になっていくつもの名で呼ばれた。「聖徳太子」もそのひとつである。ほかに、「上宮太子（じょうぐうたいし）」「豊聡耳命（とよとみみのみこと）」「豊聡八耳命（とよやつみみのみこと）」「上宮之厩戸豊聡耳命（うえのみやのうまやどのとよとみみのみこと）」「聖王」「法王」「法大王」「法王大王」などがある。

さらに、古代から中世にかけてさまざまな伝記がつくられ、そこにはおよそ常識では考えられないような超人的な才能が語られている。そのいくつかをみてみよう。

・聖徳太子はもともと中国の高僧である慧思（えし）（五一五〜五七七年）なる人物の生まれ変わりである。
・太子が誕生するとき、母は金色の僧（救世菩薩（くせぼさつ））が胎内に入る夢を見、やがて懐妊。
・用明天皇の妃である穴穂部間人皇女（あなほべのはしひとのひめみこ）が出産のとき、厩の戸に当たると労せずして太子が生まれた。
・生まれるとすぐにものを言った。
・二歳のとき、二月一五日の釈迦の命日に、東方に向かって「南無仏」と唱えて合掌した。
・一〇歳のとき、蝦夷（えみし）の反乱を武力を使わずに諭し、反乱を鎮めた。
・成人になると、いちどに一〇人（もしくは八人）の訴えを聞いて、誤りなく理解した。
・未来を予知することができた。
・甲斐国（かいのくに）から献上された「甲斐の黒駒」に乗って空を飛び、富士山にも登った。

このように厩戸皇子には、時代とともにさまざまな人物像が付加され、何が実像で、何が虚像なのか、見きわめることが難しくなっているのである。

そういうこともあって、最近では虚像と実像を見きわめる必要があるという意図から、「聖徳太子」という呼び名ではなく、本来の名前である厩戸皇子が使われるようになってきた。

政治についても、厩戸皇子があらゆる政策をひとりで成し遂げたのではなく、有力豪族であった蘇我馬子と協力して進めていったとする見方が強まってきている。

のちに蘇我馬子の孫の蘇我入鹿（いるか）が大化改新のクーデターで滅ぼされたこともあって、なんとなく蘇我氏は悪役のイメージがあるかもしれないが、最近の研究では、蘇我氏の政治的手腕が評価されるようになってきているのだ。

めまぐるしく変わる「大化改新」の評価

歴史上の人物だけではない。歴史上の事件についても同じようなことがいえる。

大化元年（六四五）に起こった大化改新は、日本史を学んだことのある人なら誰もが知っている。「改新」という言葉が示すとおり、政治の大規模な改革が行われた、歴史の重要な節目であると考えられている。

しかし、大化改新が歴史的な出来事として本格的な研究対象となるのは、明治二〇年代後半以降である。

明治維新は、旧来の幕藩体制を否定し、天皇を頂点とする近代国家を建設する一大改革であった。明治二〇年代後半以降になって、この改革が歴史的に正当であることを示すために、過去に行われた政治改革がクローズアップされたのである。そのひとつが、大化元年の大化改新、もうひとつが鎌倉幕府滅亡後の元弘(げんこう)三年＝正慶(しょうきょう)二年（一三三三）に後醍醐(ごだいご)天皇によって行われた建武(けんむ)の新政であった。大化改新も建武の新政も、天皇を頂点とする新しい国家体制を築くための政治改革として、明治維新に匹敵する改革として顧みられる必要があったのである。

つまり、大化改新は、近代以降の歴史観の文脈のなかで、その重要性が強調されてきたといっても過言ではない。

たしかに『日本書紀』には、大化元年に蘇我氏を滅ぼすクーデター（乙巳(いっし)の変）が起こり、翌年の正月に新たな政治体制のもとで「改新の詔」が出されたことが記されている。だが先にも述べたように、『日本書紀』は大化改新から七五年ほどたって編纂された歴史書であり、『日本書紀』編纂当時の理想が大化改新に投影されている可能性もある。実際、「改新の詔」に使われている表現を細かく検討してみると、詔が出されたとされる大化二年当時には存在せず、大宝元年（七〇一）に大宝律令が制定されて以降に使われるようになる用語が数多く見られるのである。「改新の詔」の文章は、明らかに後世の法令をもとにつくられていることが研究により明らかになったのである。

また、日本最初の元号といわれている「大化」という元号じたいも、じつはその当時本当に使われたかどうかは確証がなく、『日本書紀』編纂の段階でつくられた元号であるとする説もある。

こうしたことから、一九七〇年代には、大化改新じたいを否定する研究まであらわれた。大化改新は、古代の理想的な改革として、『日本書紀』のなかでつくられたものであるという考え方である。

はたして大化改新は、あったのか？　なかったのか？

近年は、大化改新の舞台となった孝徳天皇の宮である「難波宮」の発掘調査が進み、この時期にいくつかの重要な政治改革が行われたことじたいは、否定できないのではないか、とする見方が強まっている。ただし、どの程度重要な改革であると位置づけられるのかについては、研究者によって評価が分かれる。

このように、誰もが知っている大化改新ですら、その歴史的評価はめまぐるしく変わるのである。

だから大事なことは、過去の事実を明らかにすることだけでなく、それを探求した過去の人たちや現在の私たち自身の歴史認識をも、つねに問い直すことなのである。なぜなら私たち自身が、時代の文脈のなかでしか歴史をとらえることのできない存在だからである。

天皇はなぜ紙幣に描かれないのか

歴史上の人物の再生産装置としての、紙幣の肖像画

歴史上の人物が近代以降に再生産されていくことにひと役買っているもののひとつが、紙幣や銀行券（以下、紙幣と総称する）の肖像画であろう。たとえば聖徳太子（厩戸皇子（うまやど））は、昭和五年（一九三〇）に初めて紙幣の肖像画となって以来、昭和五九年まで長期にわたって高額紙幣の顔として親しまれてきた。聖徳太子の顔が紙幣から姿を消して、すでに三〇年以上もたってしまったが、私を含めたある年代以上の人は、聖徳太子の名前と顔が、紙幣のおかげでしっかりと頭に焼きついている。

聖徳太子が紙幣から姿を消したのは、紙幣の肖像画のもとになった『唐本御影（とうほんみえい）』（八世紀ごろに制作されたと推定される、聖徳太子を描いた最古の肖像画）について、聖徳太子本人を描いたものかどうか疑念がもたれたために、肖像画が使われなくなったのではないかとか、いずれ五万円札や一〇万円札が発行されるときのために聖徳太子を温存しているのではないかとか、いろいろいわれ

改造紙幣（神功皇后札）　図版のデザインと原版彫刻は、キヨッソーネによるものである。

ているが、真相はよくわからない。

日本の紙幣に描かれた最初の歴史上の人物は、明治一四年（一八八一）発行の改造紙幣に描かれた神功皇后である。図柄のデザインと原版彫刻は、当時お雇い外国人として来日していたキヨッソーネによるもので、どことなく西洋風の顔立ちをしているのが印象的である。意外にも、日本最初の紙幣の肖像画は、男性ではなく、女性なのである。ではいったい、なぜ神功皇后が紙幣の肖像画として選ばれたのであろうか。

神功皇后は、日本最古の史書『日本書紀』に登場する伝説上の人物である。『日本書紀』によれば、第一四代仲哀天皇の皇后で、天皇とともに筑紫（九州）に赴き、そこで仲哀天皇が死ぬと神託に従い、みずから新羅征討の軍を起して服属させ、以後六九年もの間、即位をせず政治を行ったという。

『日本書紀』の年代観をそのままあてはめれば、神功皇后は西暦二〇〇年ごろの人物ということになり、当然、古い肖像画が残っているわけではない。そこで、キヨッソーネは苦心の末、神功皇后の顔をつくり出したのである。

では、なぜそこまでして、当時の政府は、神功皇后の顔をいち早く紙幣に登場させたのだろうか。いまでこそ、神功皇后は私たちにはほとんどなじみのない人物であるが、第二次世界大戦以前は、みずから朝鮮半島に進攻した「三韓征伐」の武勇伝をもつ皇后として広く知られていた。この「三韓征伐」の伝説は、当時の明治政府にとって、大きな意味をもっていた。

というのも、明治初年における「征韓論」(武力によって朝鮮を開国しようとする主張)の高まりや、明治八年の江華島事件による日本と朝鮮の武力衝突などにみられるように、この時期、日本は朝鮮に対して強硬な姿勢をとっていた。明治九年に不平等条約として締結した日朝修好条規も、そのあらわれである。こうした風潮のなかで、「三韓征伐」の伝説をもつ神功皇后がクローズアップされたのである。

ここで興味深いのは、近代の紙幣肖像画に、なぜか古代の英雄的人物が登場していることである。これは神功皇后にとどまらない。明治時代の紙幣は、のきなみ古代の人物の肖像画が描かれているのである。

紙幣に描かれた古代の政治家たち

明治二〇年（一八八七）に改造兌換銀券として、二〇〇円、一〇〇円、五〇円、二〇円、一〇円、五円、一円の七種類の紙幣の発行が計画され、その肖像画として、日本武尊、武内宿禰、藤原鎌足（六一四〜六六九年）、聖徳太子、和気清麻呂（七三三〜七九九年）、坂上田村麻呂（七五八〜八一一年）、菅原道真（八四五〜九〇三年）の七人が候補となった。このうち、実際に発行されたのは、一円、五円、一〇円、一〇〇円の四種であり、一円券の肖像には武内宿禰、五円券の肖像には菅原道真、一〇円券の肖像には和気清麻呂、一〇〇円券の肖像には藤原鎌足が選定された。

紙幣の顔となった四人が、それぞれどのような事績をもつ人物なのか、みていくことにしよう。

武内宿禰は、『日本書紀』に登場する伝説上の人物である。第八代孝元天皇の曽孫（『古事記』では孝元天皇の孫）であるとされ、古代豪族の葛城・平群・巨勢・蘇我氏の祖とされる。数代にわたる天皇を支え続けた長寿の大臣として、さまざまな伝承・説話により物語化されている。

菅原道真は、平安時代の学者兼官僚である。宇多天皇に重用され、昌泰二年（八九九）には醍醐天皇のもとで右大臣にまでのぼりつめるが、藤原氏の権力確立を画策する左大臣藤原時平の策略により、延喜元年（九〇一）に大宰権帥として筑紫に左遷され、失意のうちに没した。のちに洛北の北野天満宮にも祀られ、和歌・書道・学問の神ともなった。

和気清麻呂は、奈良後期・平安初期の官人である。神護景雲三年（七六九）に皇位につこうとした僧道鏡の計画を阻止したため、姉の広虫とともに配流されたが、光仁天皇即位後に召還された。光仁天皇の次の桓武天皇に仕え、長岡京遷都や、平安京造営に貢献した。

藤原鎌足は、いわゆる大化元年（六四五）の「乙巳の変」で、中大兄皇子（のちの天智天皇）と謀り、蘇我本宗家を倒した人物である。その後内臣となって「大化改新」の政治に参画した。彼の子孫は「藤原氏」として、奈良時代から平安時代の政治に脈々と影響を与え続けた。

この四人のなかで、もっとも時代がくだるのは、平安時代に生きた菅原道真である。つまり紙幣

１円券には武内宿禰、５円券には菅原道真（写真上)、10円券には和気清麻呂（写真中)、100円券には藤原鎌足（写真下）の肖像が描かれた。

の肖像画となった人物は、いずれも、平安時代以前の古代の人物ということになる。それぱかりでなく、他の候補としてあがっていた日本武尊、坂上田村麻呂、聖徳太子もまた、古代の人物である。共通点はそればかりではない。これらの人物はいずれも、天皇の忠実な臣下であり、皇室を擁護するために貢献した人物なのである。

近代国家の建設を目ざした明治維新は、一方で天皇を頂点とする統治機構を確立することも目ざしていた。紙幣の肖像画に、天皇制の維持に貢献してきた臣下を選定したのは、近代における天皇制の正当化と不可分の関係にあったのだろう。しかも、その理想とされたのが、古代の天皇制だったのである。明治維新が、近代的な国民国家を目ざす一方で復古的な政治体制を含んだものであったことが、ここからうかがえる。

なぜ紙幣には天皇が描かれないのか

それにしても不思議なのは、紙幣の肖像画に、天皇そのものが選ばれたことがないことである。当時のアメリカ、ロシア、ドイツなど、世界の主要国の紙幣や銀行券には、国王や大統領などの国家元首が肖像画として採用されることが多かった。これになぞらえれば、紙幣に天皇を描いてもよさそうなものである。

実際、紙幣の肖像の作画に携わったキヨッソーネも、明治天皇の肖像を用いることを希望したようだが、現天皇の肖像を用いることに対する抵抗が大きかったとされている。

明治天皇でなくとも、歴代の天皇、たとえば、平安京に遷都した桓武天皇とか、建武の新政を進めた後醍醐天皇とか、歴史のなかで政治的な役割を果たした天皇を選定してもよさそうなものであるが、それもなかったのである。なぜ、紙幣に天皇が描かれることがなかったのだろうか。

それは、貨幣のもつ、ある特性が大きくかかわっているのではないだろうか。「穢(けが)れ」という特性である。

茨城県に伝わる昔話に、「貧乏神と小判」という話がある。それはおよそ、次のような内容である。


むかしむかしあるところに、貧乏な百姓夫婦が暮らしていました。夫婦があまりによく働くので、家に住み着いていた貧乏神はいづらくなり、出ていこうとしたはずみに、天井裏からころげおちてしまいました。夫婦はびっくりしましたが、貧乏神をかわいそうに思ってひきとめました。貧乏神は、夫婦のやさしさに感激して、「街道の一本松の下で待て」と言って出ていきました。夫婦が言われたとおりにそこで待っていると、馬がやってきて夫婦の目の前でたくさんの糞をしました。夫婦はなんのことかわからないままに、糞は肥料に使えるからといって集めていると、なんと糞はすべて小判に変わりました。

馬の糞が小判に変わる、という昔話である。糞と貨幣とは、一見してまったく正反対のもののようにも思えるが、これこそが、貨幣の本質をよくあらわしている。貨幣とは、「穢れ」と表裏一体の存在なのである。

貨幣は、人の手から人の手へと渡っていくものである。その過程で、穢れたものになっていくというのが、貨幣の宿命なのである。穢れはまた、伝染するものであるとも考えられていた。つまり貨幣を通じて、穢れが伝染していくと考えられていたのである。貨幣と穢れは、人びとの意識のなかで分かちがたく結びついていたのである。

一方で天皇は、「穢れ」を遠ざけるべき存在と考えられていた。天皇を穢れから遠ざけるために、さまざまな祭祀が行われてきたことは、古来多くの記録にとどめられている。

紙幣に天皇の肖像を描くことは、天皇と穢れとを結びつけることになるから、これにはかなりの精神的抵抗が存在したのではないだろうか。天皇の肖像が紙幣に採用されなかったのは、そうした「天皇」や「貨幣」に対する人びとの認識の歴史が、その背景に存在したからと考えざるを得ない。

とくに天皇の肖像（これを「御真影(ごしんえい)」ということがあった）は、穢してはならない存在として強く意識されていた。時代はくだるが、アジア・太平洋戦争のさなか、次のようなエピソードがあったと、作家の山中恒さんは述懐している。

そういえば、これは教室での出来ごとだが、ある生徒のもってきた弁当をくるんだ新聞紙に、天皇の写真がついていた。当時、新聞に於ける皇室関係の記事は第一面最上段で扱われることになっていた。特に天皇の記事はトップだった。これらの欄の誤植はやかましく、頻度数の高い語句、例えば「畏き辺りにおかせられましては」「洩れ承るところによれば」「畏れ多くも」などは既成の組上り活字をストックしておいて使用するなど、新聞人にとっては頭痛の種であったという。ところで、その新聞の天皇の写真は、弁当のおかずのちくわの煮付け汁でべっとり染みになっていた。教師がそれを見つけ、厳しく叱りつけ、そのことを親にも言っておけと命じた。

（山中恒『ボクラ少国民』）

「御真影」に対する戦時中のこうした神経質なまでの対応は、紙幣に天皇の肖像を用いることへの抵抗と、きわめてよく似た意識の上にあるような気がしてならない。歴史のなかで醸成されてきた意識が、人びとの行動を制約している場合があることを、このエピソードは教えてくれる。紙幣の肖像画は、一見すると些細な事象にすぎないが、それをつきつめて考えていくことで、天皇制を維持してきたこの国の歴史の特質がみえてくるのではないだろうか。

手塚治虫はなぜ『火の鳥』で騎馬民族を描いたのか
――「騎馬民族征服王朝説」のゆくえ

「騎馬民族征服王朝説」とは

手塚治虫の漫画『火の鳥』は、時代を過去や未来に縦横無尽に設定し、人間の生と死、欲望と葛藤を壮大なスケールで描き上げた傑作中の傑作である。

その『火の鳥』の第一作にあたる「黎明編(れいめいへん)」は、ヤマタイ国の女王ヒミコの時代を舞台としている。物語は、中国の史書「魏志倭人伝(ぎしわじんでん)」にみえる邪馬台国(やまたいこく)の女王卑弥呼(ひみこ)のイメージや、『古事記』や『日本書紀』などの日本神話に登場するさまざまなエピソードを巧みに織り交ぜながら、じつにドラマチックに進んでゆく。

『火の鳥　黎明編』のなかでヤマタイ国は、騎馬兵団を組織したニニギ率いる高天原族(たかまがはら)に攻撃され、その圧倒的な軍事力の前に滅亡する。ニニギが率いた高天原族は、海の向こうから渡ってきた渡来人であった。

そもそも三世紀に日本列島に実在したとされる邪馬台国が、その後どうなったのかについては、実際のところはわからない。しかしながら手塚治虫は想像の幅を広げ、渡来人の騎馬兵団の圧倒的な軍事力のもとに滅ぼされた、と描いているのである。

さて、手塚治虫のこのイメージのもとになった学説がある。それが、これからお話しする「騎馬民族征服王朝説」である。『火の鳥　黎明編』のこの部分は、昭和四二年（一九六七）に描かれたとされるが、「騎馬民族征服王朝説」は、手塚治虫を魅了するほどに、興味深い学説として、戦後の歴史学界を席巻したのである。では、どのような学説だったのか。

昭和二三年五月、東京・お茶の水の喫茶店で「日本民族＝文化の源流と日本国家の形成」と題する座談会が行われた（のちに同名タイトルで雑誌『民族学研究』に掲載。さらに『日本民族の起源』として刊行された）。このときの出席者は、文化人類学者の石田英一郎、東洋史学者の江上波夫、民族学者の岡正雄、考古学者の八幡（やはた）一郎であった。この座談会の場で、江上波夫による「騎馬民族征服王朝説」が初めて発表された。

その学説の内容を簡単にまとめると、次のようになる。

ツングース系の北方騎馬民族の一派が朝鮮半島を南下し、半島南部を征服。さらに四世紀の初めに九州に上陸、やがて大和（現、近畿地方）に入り、一世紀足らずののち（四世紀末〜五世紀初め）に強大な王権を大和に確立した。

世界のおもな騎馬民族とその活動地域

民族名·国名	主な活動地域	活躍した年代
スキタイ	黒海北岸	前7ー前3世紀
サルマタイ	黒海東岸	前4ー紀元前後
匈 奴（きょうど）	モンゴル	前3ー後3世紀
鮮 卑（せんぴ）	モンゴル〜遼寧	前4ー後6世紀
烏 桓（うがん）	内モンゴル	前2ー後3世紀
拓 跋（たくばつ）	モンゴル〜中国東北部	2ー3世紀
突 厥（とっけつ）	北〜中央アジア	6ー8世紀
ウイグル	モンゴル〜トルキスタン	8ー9世紀
契 丹（きったん）	モンゴル〜中国北部	4ー10世紀
蒙 古（もうこ）	モンゴル	12ー13世紀
高 車（こうしゃ）	モンゴル	3ー5世紀
吐 蕃（とばん）	チベット	7ー9世紀
夫 余（ふよ）	中国東北部〜朝鮮半島南部	前2ー後5世紀
高 句 麗（こうくり）	中国東北部〜朝鮮半島北部	前1ー後7世紀
靺 鞨（まつかつ）	中国東北部〜沿海州	7ー8世紀
渤 海（ぼっかい）	中国東北部〜朝鮮半島北部	7ー10世紀
女 真（じょしん）	中国東北部〜沿海州	10ー13世紀

東北アジアで活躍していた騎馬民族が、朝鮮半島を南下し、さらに海を渡って九州に上陸、そのまま近畿地方に攻めあげていって、最終的には倭王権を確立する、という、なんとも魅力的でダイナミックな学説である。手塚治虫が、この学説に魅了され、『火の鳥 黎明編』のなかに取り入れたのも、無理はない。

「騎馬民族征服王朝説」を唱えた「根拠」

しかし、学説には、必ずその根拠となる証拠が存在しなければならない。江上波夫はなぜ、このような壮大な学説を着想したのか?

江上がまず注目したのは、古墳の副葬品である。

古墳時代前半の古墳には、弥生時代の北部九州の墓制を引き継いで、鏡・剣・玉などが副葬される。弥生時代の貝製腕輪を起源とする碧玉(へきぎょく)製の腕飾り類も引き継がれる。これらは、呪術的・宗教的色彩が強い。

対して古墳時代後半になると、古墳の規模は巨大化し、大陸系とみられる石棺・木棺が出現し、大陸系の横穴式石室が登場する。副葬品には、武具や馬具といった軍事的・戦闘的なものが目立ってくる。

そして、こうした前期から後期への変化は、「急進的」「突発的」に行われたものだとして、価値

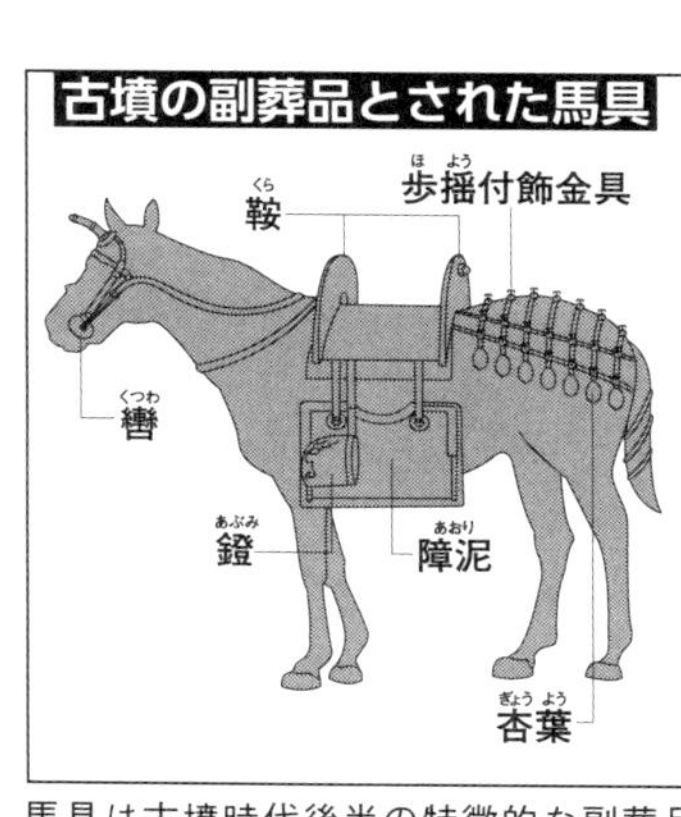

馬具は古墳時代後半の特徴的な副葬品である。

観の異なる政治権力の交替がここで行われたのではないかとした。そしてその担い手が、騎馬民族であった、というのである。

考古学的に以上のようなことが確かめられるとしたら、では、文献的にはどうだろうか。

『古事記』『日本書紀』に登場する第一〇代の崇神天皇の名前は、「ミマキイリヒコ」であった。江上はこれに注目する。「ミマキ」とは、「任那」の「城」ではないか。つまり、朝鮮半島南部に拠点をおいた王だったのではないか、と。

崇神天皇のまたの別名は「ハツクニシラススメラミコト」という。初代神武天皇と同じ名前であり、その意味は、「初めて国を統治した天皇」ということになる。このことから、戦後のある時期、崇神天皇こそが実在する最初の天皇であるという学説が存在した。

批判にさらされた「騎馬民族征服王朝説」

「騎馬民族征服王朝説」が提示されてから、考古学、文献史学の両面から、激しい批判が出された。

まず、古墳の副葬品についてである。考古学者の小林行雄は、古墳時代前半から後半に至る副葬

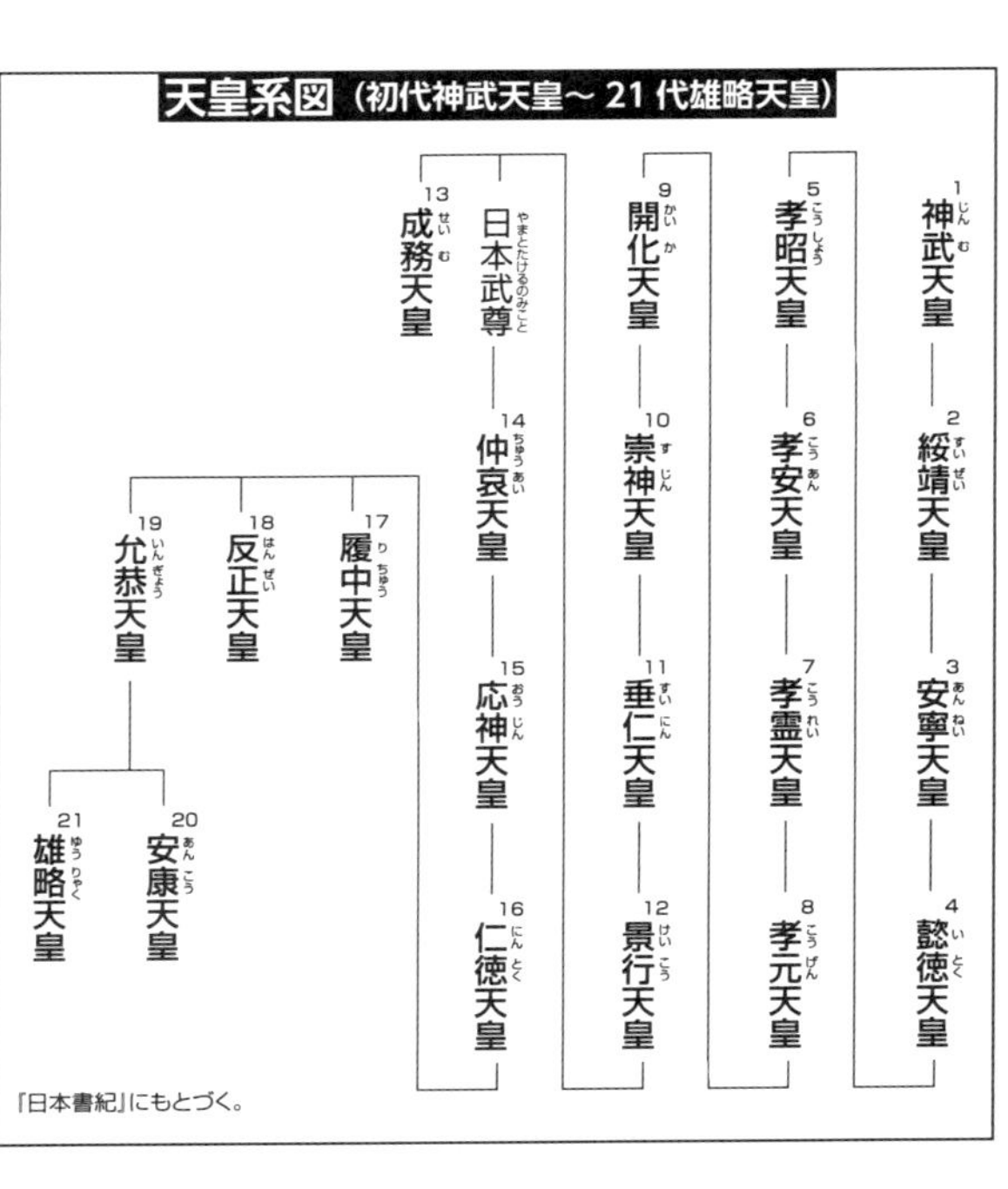

「日本書紀」にもとづく。

品の変化は、けっして「急進的」「突発的」ではなく、「漸進的」だったのであり、必ずしも政治権力の交替を意味するものではないとした。もし前期から後期への変化が漸進的であったならば、必ずしも政治権力の交替で説明する必要はなく、騎馬文化の受容と伝播、といった現象で十分に説明がつくからである。

文献史学の立場からも、江上の描くストーリーは、かなり無理がある。第一〇代崇神天皇の名前「ミマキイリヒコ」を根拠に、朝鮮半島南部に拠点をもつ王とするというのは、あまりに苦しい解釈である。実際、『古事記』『日本書紀』のどこをどう読んでも、崇神天皇に渡来系の匂いを感じさせる記述は存在せず、むしろ大和地方（現、奈良県）の土着の王であったという性格が読み取れるばかりである。そのあとの文献解釈も、文献をほとんど吟味せずに都合のいいところだけをつなぎ合わせている、といわざるを得ないのである。
これらのことから、江上が当初の段階で構想した「騎馬民族征服王朝説」は、ほとんど根拠のない学説であることがおわかりだろう。

しかしながら、この昭和二三年（一九四八）に出された学説は、多くの学者たちの批判にもかかわらず、戦後の長きにわたり、人びとのなかに受け入れられていた。昭和四二年に発表された『火の鳥　黎明編』のなかで「騎馬民族征服王朝説」が採用されているのは、当時、この学説がいかに話題であったかを示している。江上自身の著書を読まなくても、「騎馬民族征服王朝説」は人口に膾炙（かいしゃ）した学説として社会に広まっていったのである。

しかし、「騎馬民族征服王朝説」には、先に紹介した批判以上に、学説として根本的な欠陥が存在した。その点を指摘したのは、考古学者の佐原真（さはらまこと）である。一九八九年、江上波夫と佐原真は、二日間にわたる討論を行い、その一部始終は、『騎馬民族は来た!?来ない?!』にまとめられた。

「騎馬民族征服王朝説」が長らく命脈を保ってきたのはなぜか？

東洋史学者の江上波夫と、考古学者の佐原真による激論『騎馬民族は来た!?来ない?!』を読んでいくと、あらためて江上波夫の学説の壮大さに驚嘆させられる。と同時に、当初の段階で構想していた「騎馬民族征服王朝説」が、かなり変容している点もまた、見逃せない。

もっともその点を感じるのは、「騎馬民族の順応性」という議論である。「騎馬民族征服王朝説」から私たちが思い描いていたイメージは、騎馬民族が武力によって農耕民族を屈服させて、九州から近畿地方へと勝ち上がっていった、というものであった。しかし、江上はどうもそうは考えていない。騎馬民族は馬を使いながらも、戦うことをほとんどせず、農耕民族を手なずけていったというのである。

なぜそんなことができたかといえば、騎馬民族は融通無碍であり、どのような地域に行ったとしても、その地域の風習や文化を取り入れることができた。つまり騎馬民族は、日本列島の農耕社会に馴化し、ほとんど戦うことなく、その政治権力を勝ち取った、ということになる。

これに対して、佐原真が、「うーむ。早くも、これは、江上先生の仮説は、どこを斬りこんでも壊滅的な打撃は与えられそうもないような予感がしてきてしまいました。暖簾に何とかというか(笑い)、先生をやりこめる戦略はたいへんです」と述べている。実際、佐原は、騎馬民族のもっているさまざまな風習(たとえば、馬の去勢の風習や、動物の犠牲の風習など)が、古代の日本にみられないことで、騎馬民族の社会と古代日本の社会の断絶性を指摘するが、江上はそれらの批判を騎馬民族の順応性という観点からかわし、まさに「暖簾に何とか」の状況なのである。

こうしてみてくると、融通無碍なのは、騎馬民族ではなくて、江上自身なのではないか、とも思いたくなってくる。「学説は人なり」とでもいおうか、騎馬民族が融通無碍であるからいかなる社会にも適応できるという江上の主張は、じつは江上の立てた「騎馬民族征服王朝説」そのものにも通じる価値観ではないだろうか。そして融通無碍というこの学説の特徴こそが、戦後の長きにわたってこの学説の命脈を保ってきたのである。

「騎馬民族征服王朝説」の問題点

さて、この「騎馬民族征服王朝説」が根本的にかかえていた問題について考えてみることにしよう。それは、騎馬民族と農耕民族を、差別的にとらえる視点により、この学説が成り立っているという点である。

それは、『騎馬民族は来た!? 来ない?!』のなかの、江上の次のような発言のなかにもみてとることができる。

私は、近代を特徴づける民主主義・個人主義・植民地活動・実用的な学問・実験の発達は、本来、遊牧騎馬民族の間にあったものだと思うんです。それが中世封建制社会の中で新しい展開をみせたのが、ドイツないしゲルマン=ルネサンスであり、社会・経済・文化的な面で一大革命を生み出しました。これが世界の近代化をもたらす最大の契機になったんです。(中略)核家族制、契約制、土地よりも人間を問題にする人間主義、能力主義、平等主義、恋愛の謳(おう)

歌、開拓・植民、知識・情報の愛好などは、早くから騎馬民族を特徴づけたものです。私は、近・現代の自由主義世界との間に系譜的関係があると考えているんですよ。

動かざる、農耕的な、古代的大文明をつくったものと、それから、動く、一つ一つは滅びて消えていったけれども、それぞれが常にその時代に応じた騎馬民族的な役割を持ったものと、その両者によって世界ができているんだと私は思うわけです。

ですから、さらに言えば、そういう動かない民族がむしろ社会主義、共産主義になった（笑い）。そして、動く民族が民主主義、個人主義の国家をつくったと。もともと個人主義、民主主義というものは、遊牧民の中にはあったんです。けっしてこれは、近代のものではないんです。

なんとも驚くべき仮説であるが、この発想は、江上自身の著書にもはっきりと述べられており、江上の信念に近いものであったと思われる。ベストセラーになった江上の著書『騎馬民族国家』の「終章」のいちばん最後のところで、次のように述べている。

こうして日本民族は形成された。そうして、もし四世紀前半における大陸系騎馬民族の侵入・征服がなかったならば、日本民族は長く太平の夢をむさぼって、モンスーン地帯の東南アジア諸島の農耕民族とほぼ同じような状態で今日に至ったであろう。日本はモンスーン地帯における島嶼(とうしょ)で、農耕民族の上に騎馬民族が建国した唯一の国なのである。そうしてそこに現在の日本のあり方も根ざしているのである。

一読しておわかりのように、モンスーン地帯の東南アジア諸島の農耕民族と、モンスーン地帯における島嶼で「農耕民族の上に騎馬民族が建国した唯一の国」、つまり日本とを差別的にとらえている。考古学者の佐原真は、この点を、「騎馬民族征服王朝説」が根本的にかかえる欠陥として、厳しく批判したのである。

このような差別的な価値観を根本的にかかえている学説は、もはや時代の風潮に合わない。そこで佐原は、『騎馬民族は来なかった』の「終(あとがき)」の最後の一文で、

かつて、騎馬遊牧民族征服王朝説という仮説がありました。

と述べて、「騎馬民族征服王朝説」を過去の学説として葬ることにしたのであった。

いまなお生き続ける「騎馬民族征服王朝説」

しかし江上はなぜ、このような発想に行き着いたのだろうか。

それは、「騎馬民族征服王朝説」が最初に発表された昭和二三年（一九四八）という時代と、関係しているような気がしてならない。

昭和二〇年、日本はアジア・太平洋戦争で敗戦し、その後、米国の占領統治下におかれた。それまで、日本の歴史上、他国が海を渡って日本列島にやってきて政治権力を簒奪（さんだつ）するなどということはなかった。とくに戦前の歴史教育においては、日本は「神代（かみよ）」から連綿と、天皇家による統治が行われていたと信じて疑わなかったのである。

それが突然、他国の占領統治下におかれたのである。こうした状況で、「騎馬民族征服王朝説」が出されたことは、けっして偶然ではない。騎馬民族が海を渡って日本列島を支配する、という仮説は、いまからみれば突飛に思えるけれども、当時の人びとからすれば、それなりのリアリティをもって受け入れられたのではないだろうか。

試みに、先ほど紹介した江上の著書の文章の「騎馬民族」の部分を、「アメリカ」に置き換えてみるがよい。戦後のこの国の状況に対する江上の認識が手に取るようにわかるのではないだろうか。

そのように考えると、「騎馬民族征服王朝説」は、時代が生み出した学説、ということができるだろう。いや、学説とはそもそも、その時代と無縁には成立し得ないものであることを、私たちは肝に銘じなければならない。

学説とは、純粋な学問的追究の結果、生み出されるものだ、と思いがちである。しかし、学説はつねにその「時代」を背負っていることもまた、見過ごしてはならないのである。そしてときには、時代の要請にしたがって都合よく利用されてしまうこともあり得るのである。

さて、「騎馬民族征服王朝説」は、いま現在、どうなっているのだろうか。

結論からいうと、いまもなお、生き続けているように思える。江上学説そのものではなく、「日本列島への騎馬文化の伝播」という方向性で、である。近年、古代の騎馬文化についてまとめられた本のなかに、次のような発言がある。

これ（三上注：騎馬文化）をイノベーションとグローバリゼーションという歴史の定点にして通過点として表すことができます。前方後円墳もそうですが、騎馬文化をこの時代の歴史を解き明かすきわめて重要なキーワードやキーコンセプトとして扱うべきでしょう。

（『騎馬文化と古代のイノベーション』での鈴木靖民さんの発言）

「イノベーション」と「グローバリゼーション」という時代の要請のもとで、「騎馬民族征服王朝説」は形を変えながらも、いまもなお命脈を保っているのである。

「源義経＝チンギス・ハン」説の誕生と拡大——そのメカニズムとは

「源義経＝チンギス・ハン」説の誕生

「騎馬民族征服王朝説」という学説から私たちが学んだことは、学説は時代の要請により形づくられる、ということであった。そのような目でみていくと、一見突飛な学説も、その学説が出された時代背景を考察してみることによって、時代の要請と深くかかわっていることがわかるのだ。

「源義経＝チンギス・ハン」説を、ご存じだろうか。鎌倉幕府を開いた源頼朝の弟、源義経は文治五年（一一八九）、奥州平泉において、藤原泰衡（ふじわらのやすひら）に殺されたと、鎌倉時代の歴史書『吾妻鏡（あづまかがみ）』に記されている。これが公式の歴史である。ところが義経は平泉で死なず、その後北海道に渡り、さらには大陸に渡って、チンギス・ハン（成吉思汗）となり、モンゴル帝国を築いたとする説が、かつて唱えられた。かなり突飛な学説だが、源義経は、生年一一五九年から没年一一八九年、一方のチンギス・ハンは、生年は一一六二年ごろとされ、没年は一二二七年。王として在位したのは、一二〇六年から一二二七年のことであるという。つまり、ふたりは同時代に生きた人物である。

私がこの突飛な学説を初めて知ったのは、子どものころに読んだ、推理作家高木彬光の小説『成吉思汗の秘密』（昭和三三年〈一九五八〉）であった。探偵神津恭介が、義経＝チンギス・ハン説を検証するという内容で、この本がベストセラーになったため、この学説は一般に広く知られるようになったと思われる。

余談だが、テレビアニメ「ルパン三世　第2シリーズ」の三七話「ジンギスカンの埋蔵金」（昭和五三年六月一九日放送）も、義経＝チンギス・ハン同一人物説にもとづいたエピソードを描いている。小説やテレビアニメを通じて、この学説は一般に広まっていくことになったのである。

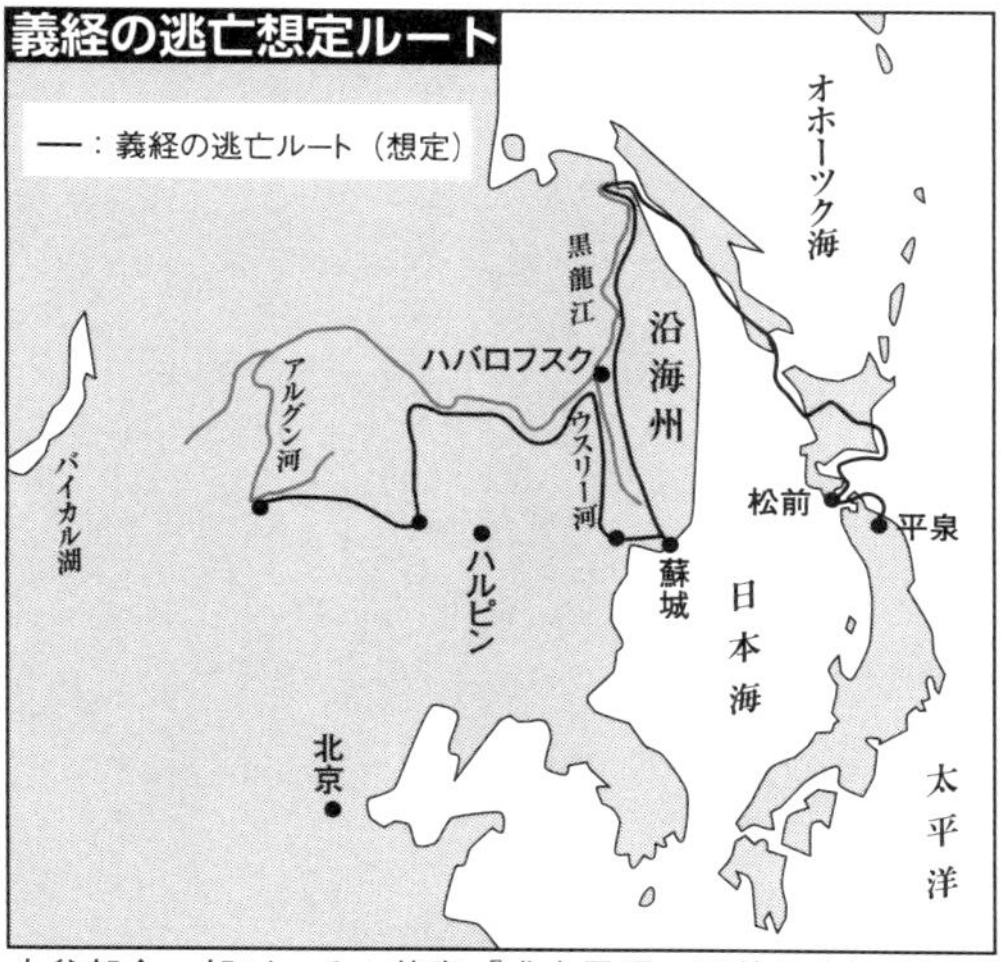

では、この突飛な説は、なぜ生まれることになったのだろうか。じつは、源義経＝チンギス・ハン同一人物説は、近世から近代にかけて、時間をかけて成立した学説なのである。

源義経が奥州平泉で死なず、さらに北へ逃れたとする義経生存説が出されたのは、江戸時代前半のことである。

義経の逃亡想定ルート

—：義経の逃亡ルート（想定）

オホーツク海
黒龍江
沿海州
ハバロフスク
アルグン河
ウスリー河
バイカル湖
ハルピン
蘇城
松前
平泉
日本海
北京
太平洋

小谷部全一郎が、その著書『成吉思汗ハ源義経也』で想定した逃亡ルート。

『本朝通鑑（ほんちょうつがん）』は、江戸幕府の命により編纂（へんさん）された歴史書である。林羅山（はやしらざん）・鵞峯（がほう）の親子がその編纂にあたり、寛文一〇年（一六七〇）に完成した。このなかで、源義経が奥州平泉から北に逃れたとする伝説を紹介している。

俗に伝えて又た曰（い）わく、衣河（ころもがわ）の役で義経は死なず、逃れて蝦夷島（えぞがしま）に到る。其遺種存す。
（俗に伝えるところには、平泉の衣川の合戦で義経は死なず、そこから逃れて蝦夷島〈北海道〉に到り、子孫を残した）。

また、享保五年（一七二〇）に水戸彰考館（しょうこうかん）が編纂し、幕府に献上した『大日本史』にも、

世に伝う、義経は衣川の館（たて）に死せず、逃れて蝦夷に至ると。

と、義経生存説を紹介している。

江戸時代の学者であり政治家であった新井白石もまた、義経が北海道に渡ったとする説に関心を寄せている。彼は『読史余論（とくしよろん）』（正徳二年〈一七一二〉成立）のなかで、

> 義経、手を束ねて死に就くべき人にあらず。不審の事なり。今も蝦夷の地に義経の家の跡あり。また夷人、飲食に必ずまつる。そのいわゆるオキクルミというは即ち義経のことにて、義経のちには奥へゆきしなどいい伝えしともいう也。

と、義経が蝦夷地に逃れたこと、アイヌが祀るオキクルミの神が義経のことであること、さらに義経は蝦夷地より奥へ赴いたこと、といった伝説を紹介している。また白石が松前藩の情報や内外の諸書を参考にして作成した『蝦夷志』（享保五年成立）のなかにも、同様の話を紹介している。

このようにして「義経が北海道に渡り、アイヌの神となった」とする説が、一七世紀後半から一八世紀にかけて広まっていく。

「源義経＝チンギス・ハン」説誕生の背景

では、なぜこの当時の人びとは、この伝説に深い関心を寄せたのだろうか。

その背景には、北東アジアを南下するロシア帝国の脅威があったと考えられる。このロシアの南下政策に対して、幕府が蝦夷地をみずからの「領土」としてロシアに抵抗するためには、正当性が必要であった。北海道に住むアイヌの神（オキクルミ）を義経とすることで、蝦夷地が幕府の「領土」であるとする正当性を主張する理由づけができたのである。義経の「入夷伝説」に関心が寄せられたのは、そういう背景があったのではないだろうか。

ここまではまだ、義経が蝦夷地とその奥（大陸）へ逃れたとする伝説にすぎない。では、「義経＝チンギス・ハン説」は、いつごろから形成されたのか。最初にこの説を提唱したのは、ドイツ人のシーボルトであったといわれる。彼はいわゆる「シーボルト事件」により文政一二年（一八二九）に国外追放処分を受けたが、その後に著した大著『日本』のなかで、この説を提唱したのである。

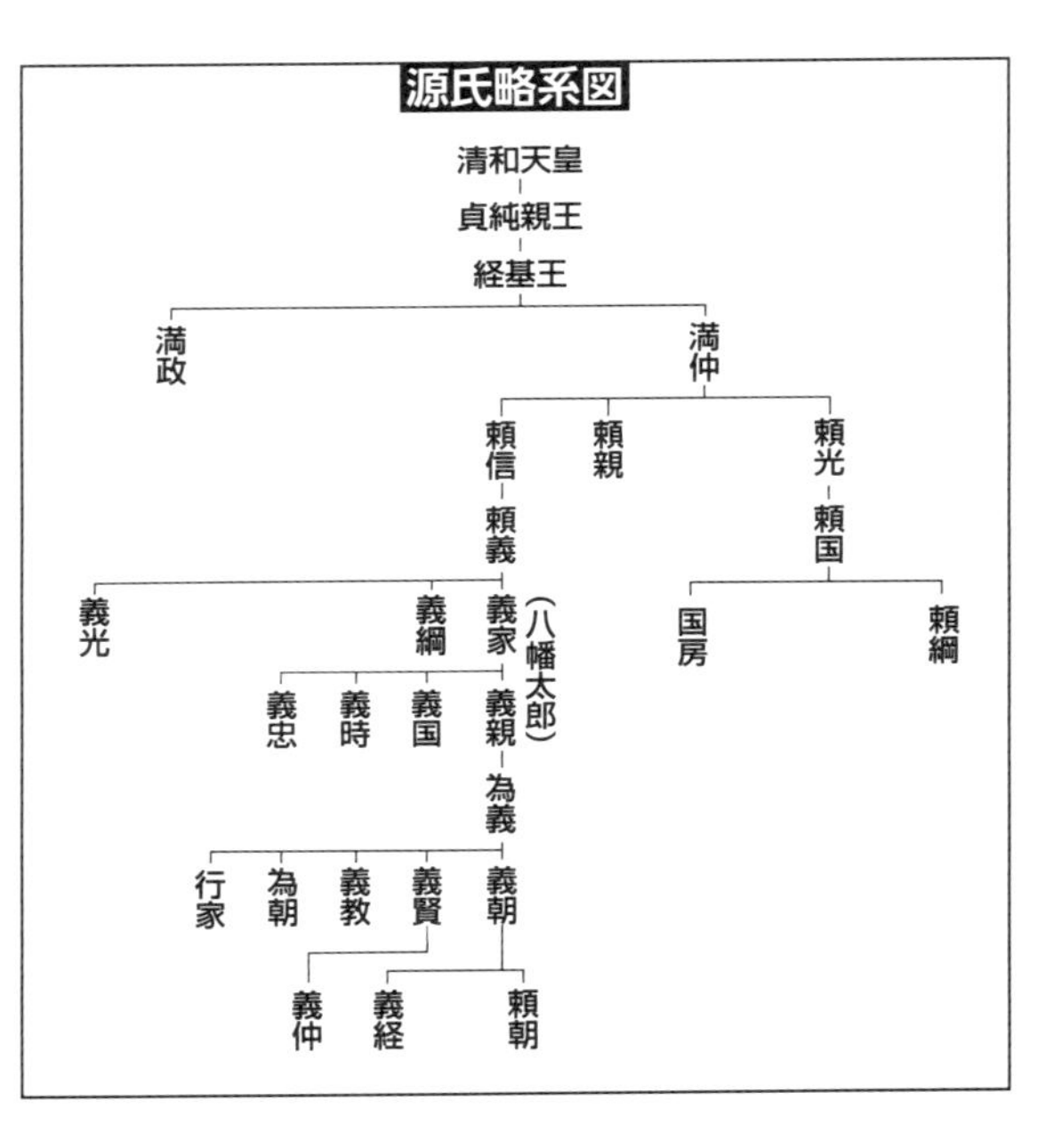

しかし、「義経＝チンギス・ハン説」が広まった直接的なきっかけをつくったのは、なんといっても大正一三年（一九二四）に刊行された小谷部全一郎（おやべぜんいちろう）『成吉思汗ハ源義経也』である。三〇〇ページにわたって「義経＝チンギス・ハン説」について書いたこの本は、賛否を含めて、当時の研究者や一般の読者に大きな影響を与えたのである。

なぜこの突飛な説が、一九二〇年代という時代に反響を呼んだのだろうか。それは、この時代に日本が進めていた大陸進出と、深いかかわりがある。この本が出た七年後の昭和六年（一九三一）、満州事変が勃発し、翌年、満州国建国が宣言される。そうしたなかにあって、「義経＝チンギス・ハン説」は、日本の大陸進出を鼓舞する役割を果たし、さらには大陸の利権をねらう当時の社会的風潮がこれを後押ししたのである。実際、一九三〇年代にはこの説を根拠に、日本の大陸進出を正当化する論調が押し出されたり、満州で義経にかかわる遺跡が捏造（ねつぞう）されたりしていた。戦後になって、私たちが知るようになる「義経＝チンギス・ハン説」は、いわばその残滓（ざんし）である。

義経伝説は、江戸時代から近代にかけての日本の「領土意識」と不可分の関係にあった、ということができる。その時代の領土意識に合わせて、義経伝説は拡大し、再生産され続けたのである。

北と南の源氏伝説

では、その主人公がなぜ義経だったのか。「判官（ほうがん）びいき」という言葉があるように、兄頼朝の権力掌握の陰で滅びてしまった不遇な弟義経に対する同情が、義経を生き延びさせるという伝説を生み出したのだろうか。

どうもそれだけではないと、私は思う。

じつは義経伝説とよく似た伝説が、南の琉球にも存在する。それが源為朝（ためとも）伝説である。

源為朝（源義朝の弟、源義経の叔父）は、平安時代末期の保元の乱（保元元年〈一一五六〉）に敗れて伊豆大島に配流され、そこで自害した。これが公式の歴史である。

ところが、為朝はこのときに死なず、琉球（沖縄）に渡って琉球王の祖となったとする伝説がある。琉球王国の正史『中山世鑑』（慶安三年〈一六五〇〉に編纂）には、源為朝が琉球王国舜天王統の祖であったと記している。また、この伝説は、江戸時代の作家曲亭馬琴の作品『椿説弓張月』（文化四～八年〈一八〇七～一一〉にかけて刊行）にも使われ、人びとに広く知られていた。

慶長一四年（一六〇九）の島津侵攻を受け、琉球王国は薩摩藩の支配下におかれることになる。琉球王の祖先が源為朝であったとすれば、清和源氏の末裔と称する薩摩藩の島津氏と同祖であることになる。いわゆる「日琉同祖論」の根拠として、源為朝伝説が利用されたのである。それは、薩摩藩による琉球支配の正当化にもつながったであろう。

さて興味深いのは、義経伝説も為朝伝説も、どちらも日本列島の北端と南端の領域の正当性を主張するために利用された伝説であるという点、そして、どちらもその主人公が「源氏」である、という点である。つまりこれは、源姓をもつ人物による支配が行き渡った土地こそが、日本の領土であるという当時の人びとの意識が根底にあることを意味するのではないだろうか。

そう考えると、義経伝説は、たんに不遇な義経に対して生き延びてほしいと願う「判官びいき」からのみ生み出された伝説ではない、という気がしてならないのである。

広開土王碑は、日本陸軍によって改竄されたのか

広開土王碑とは？

先に取り上げた「騎馬民族征服王朝説」や義経伝説などをみるにつけ、前近代の歴史に関する学説や伝説が、じつは近代以降の政治状況のなかで、さまざまな形で利用されてきたのだと実感する。その意味で、前近代の歴史を考えることは、けっして私たちと無縁なことではない。私たちは知らず知らずのうちに、前近代の歴史のなかに、いまの時代を投影してしまっている可能性があるのである。

そういった事例を、もうひとつあげよう。ここで取り上げたいのは、広開土王碑（こうかいどおうひ）である。いまから一六〇〇年ほど前の四世紀末、中国東北部から朝鮮半島北部にかけて存在した高句麗（こうくり）という国に、広開土王（好太王）という王がいた。生前に「永楽太王」と呼ばれた彼は、在世中に高句麗の領土を拡大したことで知られ、そうした功績にもとづいて死後に「国岡上広開土境平安好太王（こくこうじょうこうかいどきょうへいあんこうたいおう）」という名が贈られた。これを諡（おくりな）という。そして、この長い諡の一部をとって「広開土王」あるいは「好太

王」と呼ばれたのである。

ところで、この王の名を「広開土王」と呼ぶか「好太王」と呼ぶかについては、研究者の間で統一されていない。三国時代のことを書いた朝鮮半島の歴史書『三国史記』の高句麗本紀には、この王のことを「広開土王」という名で記していることから、韓国や北朝鮮の研究者は、もっぱら広開土王と呼んでいる。一方で中国の研究者は、もっぱら好太王と呼んでいる。

広開土王碑は、現在の中国吉林省集安市に所在する。

日本でも、広開土王と好太王のふた通りの呼び名が用いられているが、最近では広開土王と呼ぶことが多い。好太王というのは、王の美称として当時一般的に用いられたもので、彼の事蹟をあらわす名としては、広開土王のほうがふさわしいと考えられているからである。ここでも広開土王と呼ぶことにする。

さて広開土王の没後、息子の長寿王は、父の墓の近くに六メートルにもおよぶ高さの石碑を建て、父の業績を称える漢文を刻んだ。これが有名な広開土王碑（好太王碑）である。中国吉林省集安市に所在し、高さ約六・三メートル、幅約一・五メートルの角柱の凝灰岩の四面に、一七七五字

（一八〇二字とも）が記されている。現在はユネスコの世界遺産に指定されている。

石碑には、四世紀当時の倭（わ）が高句麗と交戦したことを示す記述もみられ、四世紀の日本列島の歴史を知るうえで貴重な資料として、歴史の教科書にも紹介されていることは、よく知られるところである。

広開土王碑をめぐる日本陸軍の思惑

ところが、広開土王碑はその存在が長らく忘れられ、ようやく近代に入り発見されるに至るのである。発見されるや否や、最初にこの碑に注目し、解読作業を進めたのは、日本の陸軍参謀本部であった。なぜ、日本の陸軍参謀本部がこの石碑に注目したのか。それは、この石碑に書かれている内容と深いかかわりがある。

広開土王碑文は、三段の内容で構成されている。まず第一段では、始祖・鄒牟王（すうぼう）（朱蒙（しゅもう））の建国神話と、広開土王碑を建てた由来について記している。次に第二段では、広開土王一代の武勲を年代記的に記している。このなかに、のちに紹介する、倭が高句麗と交戦したという記事が出てくるのである。そして第三段では、広開土王陵の「守墓人」三三〇家の内訳と、彼らに対する禁令や罰則について記している。

高句麗の建国神話にはじまり、四世紀末から五世紀初めにかけての東アジアの国際情勢、さらに

広開土王碑（2014年撮影）　現在は世界遺産に指定され、碑を守るための覆屋がつくられている。

は高句麗の異民族支配や国内の支配体制の様子などが、漢隷の書体をとどめた重厚な漢文によって、豊かに描き出されているのが、この広開土王碑なのである。

　広開土王碑は、明治一三年（一八八〇）ごろに発見され、その後、日本の陸軍参謀本部によって広開土王碑の字を紙に写しとった墨本（ぼくほん）が持ち帰られ、解読作業が進められた。この墨本を持ち帰った人物が、当時陸軍参謀本部の密偵だった酒匂景信（さこうかげあき）であった。

　日本の陸軍参謀本部が広開土王碑に強い関心を寄せたのは、広開土王碑文のなかに、次のような記述がみられるからである。

「百残新羅旧是属民由来朝貢而倭以辛卯年来渡□破百残□□新羅以為臣民。以六年丙申王躬率□軍討伐」

［現代語訳］

百残〈百済の蔑称〉・新羅はもとは〈高句麗の〉属民であり、高句麗に朝貢していた。ところが倭が辛卯（しんぼう）の年〈三九〇年〉に〈海を〉渡ってきて百残を破り、東方では新羅を□して臣民としてしまった。そこで、六年丙申（へいしん）〈三九六年〉をもって王はみずから軍を率いて討伐した。

この箇所が、日本古代の大陸進出の歴史を物語る資料として注目された。近代日本の大陸進出を歴史的に正当化する意味で、広開土王碑文は大きな役割を果たしたのである。

このことを示す象徴的な出来事がある。東京帝国大学教授だった東洋史学者の白鳥庫吉（しらとりくらきち）は、明治三七年の日露戦争のあとに、次のような講演を行っている。

私は此（この）碑文を日本に持て来て博物館なり、公園なりに建てるのは実に面白いことであると思う。英吉利（イギリス）とか、独乙（ドイツ）とか、仏蘭西（フランス）とかなら何万円かかっても必ず自分の国に持て来るに違いない。只此碑文に日本に面白くないことが書いてある。（中略）ほんとうの所日本は高句麗に負けたらしいのである。此高句麗に敗れてから日本の勢力が振わなくなったのであるから、日本が大陸の戦争に負けたならば再び大陸に乗り出すことは容易ではない。現に今回の戦争などでも是非とも露国に勝たなければならぬ。若（も）し負ければ今後の国勢上に容易ならざる影響を及ぼすべきことは古の歴史が証明して居るのである。

（「満州地名談　附好太王の碑文について」明治三八年初出）

こんな事を書いた碑を私が持って帰ろうと申すと、或いは面白からぬ事を云うものだと考える人があるかも知れませんが、併し私の考えでは斯様に敗を取った事をありのままに我後世に知らすならば、子孫の末に非常な印象を与えて憤慨心を持たす事が出来ると思う。それは敗を取った結果を知らしむるに利益があるからである。

（「戦捷に誇る勿れ」明治四〇年ごろの講演）

つまり広開土王碑文にみえる倭と高句麗の交戦を、日本とロシアの戦争になぞらえ、日露戦争後の情勢下にあって、これを国民に教訓として示す必要があるとする考えから、広開土王碑の日本への搬出を提案したのである。なんとも驚くべき提案である。じつは軍部もこの計画を実行に移すべく検討を進めたが、最終的には実現しなかった。

近現代史に翻弄される広開土王碑

かくして広開土王碑は、近代日本のアジア進出に利用された。広開土王碑の学術研究も、そのような観点から進められたのである。このことが、戦後になり、ひとつの衝撃的な学説を生むことになる。

その衝撃的な学説とは、広開土王碑文が日本陸軍参謀本部の手によって改竄（かいざん）されたとするものである。広開土王碑の墨本の文字は、墨本を持ち帰った酒匂景信によってすり替えられたものであり、さらに参謀本部は、拓本をすり替えた事実を隠蔽するために、石碑の表面に石灰を塗布して文字を改竄したのだ、というのである。一九七〇年代に出されたこの説は、歴史学界のみならず、広く社会的な関心を集めるところとなった。いまでも、広開土王碑といえば、この改竄説を連想する人が多い。

だが、現在では改竄説は否定されている。広開

広開土王碑古写真　広開土王碑は、1880年に中国吉林省集安市で発見された。高さ約6.3m、幅約1.5mの角柱状の石の4面に1775文字が刻まれている。

土王碑の表面に石灰が塗布されていることは事実なのだが、石灰の塗布は、拓本を制作した地元の拓工によるものであり、あくまでも文字を明瞭に拓出するための手段として石灰が塗布されたことが明らかにされたのである。このことについては、あとで述べる。

また最近、酒匂景信が持ち帰った墨本と同じ墨本が中国で発見された。このことから、酒匂自身が、日本に持ち帰ってから墨本のすり替えを行ったという事実がなかったことが証明された。

広開土王碑は、本来は古代史の史料であるにもかかわらず、近現代史に翻弄されてきた。そして私自身も、目の当たりにしたある体験を通じて、そのことを実感することになる。

日本各地に眠る広開土王碑拓本の数々は、いったい何を意味するのか

大学の図書館で発見された拓本

私が山形大学に勤務していた二〇一一年七月、大学の図書館の書庫で、石碑の拓本を二点発見した。そのうちの一点が、先に紹介した「物部守屋大連之碑（もののべのもりやおおむらじのひ）」というものである。そしてもう一点は、広開土王碑（こうかいどおうひ）の拓本であった。

発見された二点の拓本はいずれも軸装されていて、巻かれた状態になっていた。巻かれた状態では、どのような内容の拓本かはわからなかったのだが、二点のうちの一点が、横幅が一・八メートルほどある巨大なものだった。これほど大きな拓本は、ひょっとしたら広開土王碑の拓本ではないか、と直感した。

はやる気持ちをおさえて開けてみると、はたしてそれは広開土王碑の拓本だった。まわりにいた職員の方に、「よく見ただけでわかりましたね」と驚かれたが、授業で何度も取り上げたことのあったことが幸いして、すぐにわかったのである。発見された拓本は、四面あるうちの、第三面のみ

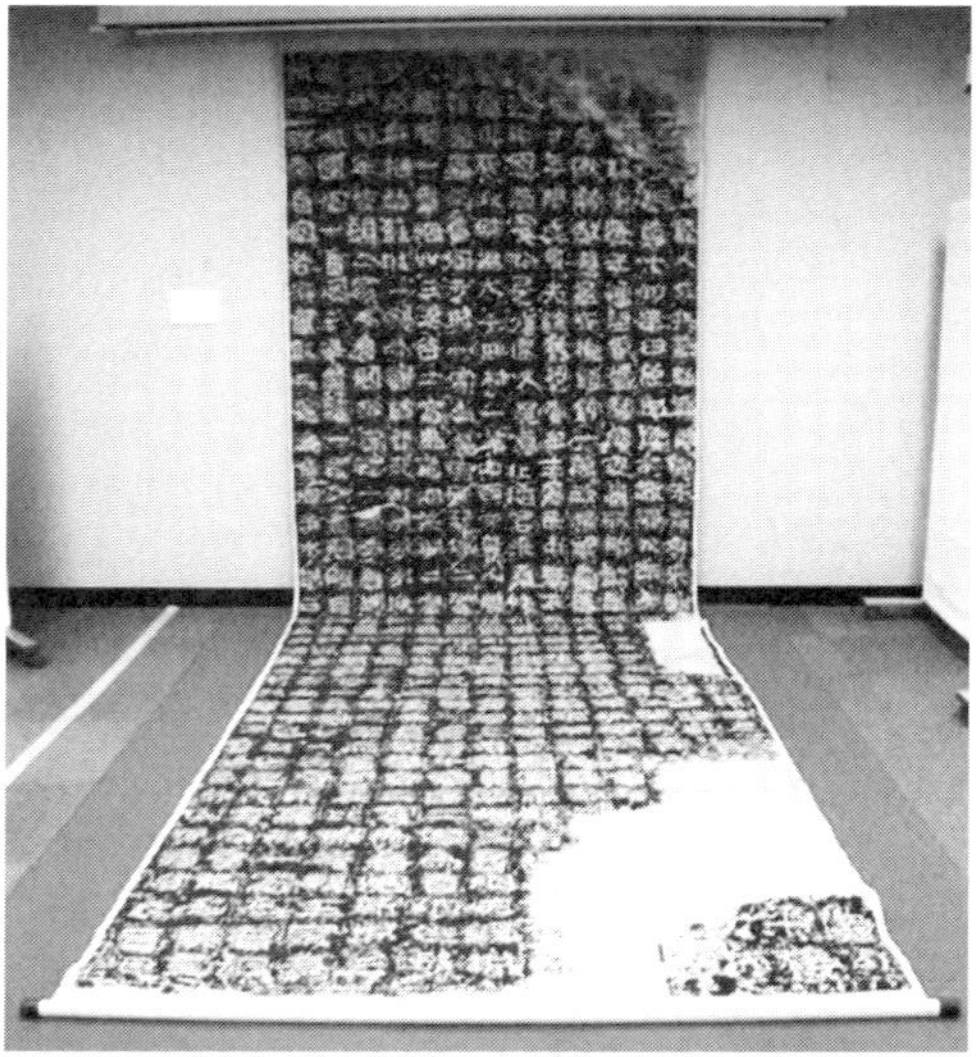

広開土王碑拓本　山形大学で発見された拓本は石灰拓本で、第３面のみが残っていた。

であった。

私はそのとき、初めて広開土王碑の拓本の実物を目の当たりにし、その大きさに圧倒された。と同時に、広開土王碑がもつなんともいえぬ力強さに、すっかり魅了されてしまった。

冷静になってから、いくつもの疑問がわいてきた。広開土王碑の拓本が、なぜ大学の図書館に眠っていたのか。いったい誰が、この拓本をもたらしたのだろうか。

広開土王碑の拓本とは、どのようなものなのか？

そのためには、広開土王碑の拓本そのものについて、まずは知っておかなければならない。

広開土王碑は発見された当初、すでに一五〇〇年あまりの歳月を経ていたこともあり、表面がかなり風化し、文字が読み取りにくくなっていた。そこで、石碑の文字を読み取るために、発見直後から石碑の文字を写し取るためのさまざまな墨本がつくられた。

墨本は大きく三つに分類される。「原石拓本」「墨水廓填本」「石灰拓本」の三類型である。

原石拓本は、石碑になんの加工もほどこさずに拓本をとったもので、石碑の原状をもっともよくとどめている資料的価値の高い拓本である。しかし数は少ない。

墨水廓填本は、碑文の字画を縁取りし、字のまわりを墨で塗りつぶしたもので、厳密にいえば拓本ではない。一見すると文字が明瞭に判読できるが、石碑の文字を正確に表現したものではなく、石碑としてのリアリティもない。

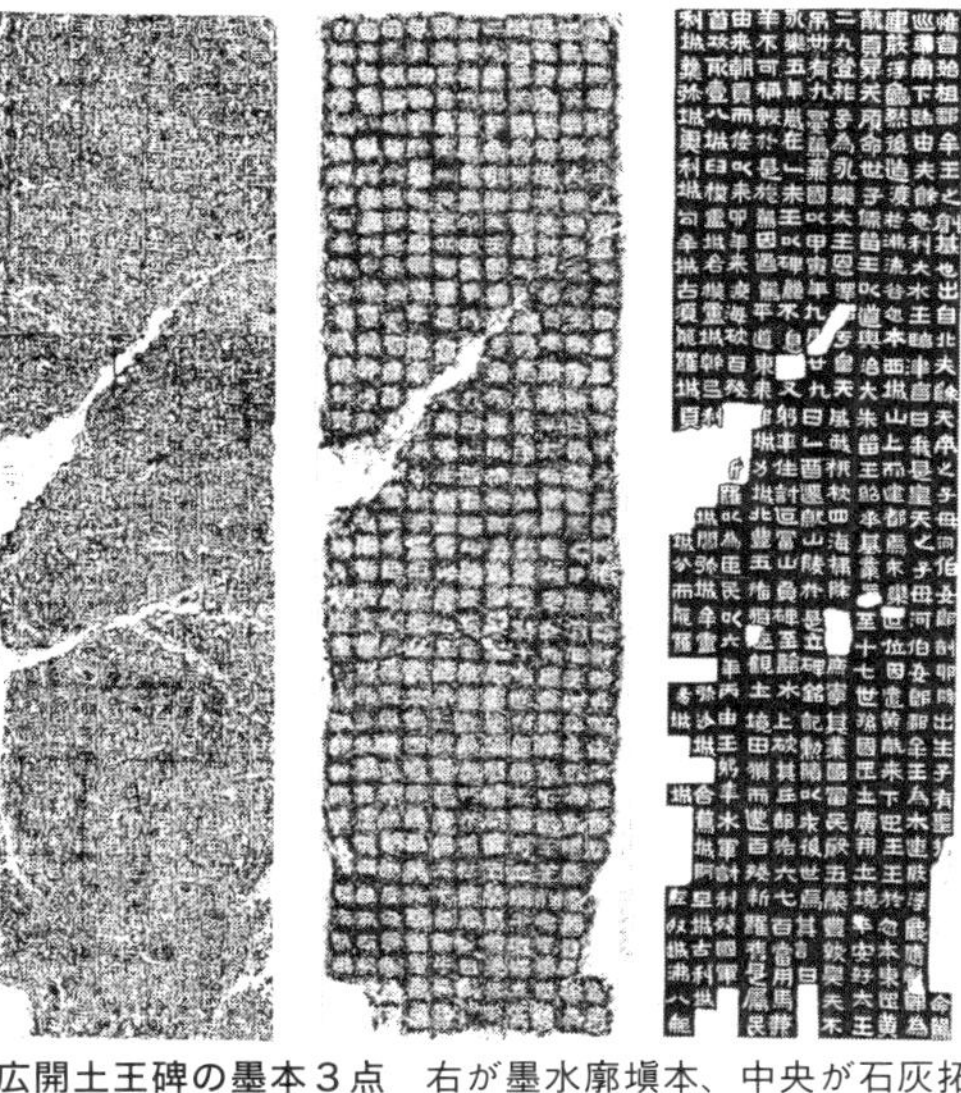

広開土王碑の墨本３点　右が墨水廓填本、中央が石灰拓本、左が原石拓本。

石灰拓本は、拓本をとりやすくするために、広開土王碑の近くに住む拓工が石灰を塗布して碑面を平滑にした上で拓本をとったもので、石碑の雰囲気をよくとどめており、かつ原石拓本と比べると文字が明瞭に確認できる。だが、石灰を碑面に塗布する過程で、本来の文字とは異なった文字をつくり出してしまっている部分もあるため、碑文の解読には適さない。いわゆる改竄説が唱えられたのも、こうした事情によるものである。

このうち、もっとも長期にわたり、もっとも数多く制作され、もっとも広く流布した墨本が、石灰拓本であった。

石灰拓本は、石碑の雰囲気をよくとどめ、かつ文字も比較的明瞭に読み取れるように工夫されているため、学術的価値というよりも、むしろ「商品」として広く流通したのである。現在までのところ、日本では五〇点近くの石灰拓本の存在が確認されている。

さらに面白いことに、じつは模刻本というものも存在する。これは、広開土王碑そのものからとられた拓本ではなく、石灰拓本をもとに広開土王碑が模刻され、そこから採拓するという方法で制作された拓本である。現物の広開土王碑では拓本の制作が追いつかず、模刻された広開土王碑からも拓本が制作されていたということは、当時、広開土王碑の拓本に対する需要がいかに高かったかということを示している。

ひと口に墨本といっても、広開土王碑の場合、異なった方法によってつくられた墨本が、模刻本を含めると四種類あったことになる。これらは、一八九〇年ごろから一九三〇年代に至るまで、ひっきりなしにつくられ続けてきたのである。

現存する広開土王碑拓本の数

	原石拓本	墨水廓塡本	石灰拓本	模刻本
日本	2	2	46	4
中国	7	1	19	2
台湾	2	0	2	1
韓国	3	0	9	0

北朝鮮では、拓本１点の存在が確認されているが、拓本の種類については不明である。

山形大学で見つかった拓本の調査

山形大学で見つかった拓本に話を戻そう。

この拓本がいつごろつくられたものなのかを調べるために、東京大学名誉教授の武田幸男先生にお越しいただいて、調査をお願いすることにした。武田先生は朝鮮史研究の第一人者で、とくに広開土王碑の拓本の類型化について研究を進めてこられたことでも知られる。先生は山形県のご出身だったこともあり、調査を快く引き受けてくださった。

武田先生は、これまで各地に残る広開土王碑拓本を精力的に調査され、その拓本に残された特徴をもとに、それが原石拓本なのか、石灰拓本なのか、模刻本なのか、墨水廓塡本なのか、さらには、その拓本がいつごろ制作されたものなのか、といった編年作業を進めてこられた。それはさながら考古学における土器編年の手法である。

武田先生の見立てによれば、山形大学の拓本は石灰拓本であり、昭和二年（一九二七）前後に制作された可能性の高いことが判明した。

こうして、拓本の制作年代についてはある程度推測できたが、この拓本が、なぜ山形大学にもたらされたのかは依然としてわからない。記録が残っていないのである。

山形大学の前身は、旧制山形高校（現在の人文社会科学部と理学部）と、山形県師範学校（現在の地域教育文化学部）である。図書館の書庫には、石碑の拓本と一緒に、戦前の教育用掛図（地図や元素表など教材用の図版を掛け軸の形にしたもの）も残されていたので、広開土王碑の拓本も、旧制山形高校あるいは山形県師範学校にもたらされたものであると考えるのが妥当であろう。

拓本の来歴を知る手がかり

これまでの事例でも、戦前の旧制高校や師範学校、旧制中学などに、広開土王碑の石灰拓本が寄贈された例がある。金沢大学、九州大学、お茶の水女子大学、京都府立福知山高校などが所蔵する拓本がそれである。こうした事例は参考にならないだろうか。

なかでも拓本の来歴が比較的はっきりしているのは、京都府立福知山高校が所蔵する拓本である。この拓本は、旧制福知山中学の卒業生である足立幸一という人が、昭和六年から一三年（一九三一～三八）の間に、母校である福知山中学に寄贈したものである。

足立は大学卒業後、三〇歳にして中国の大連に渡り、事業を成功させる。そして昭和六年、福知山中学が創立三〇周年を迎えるにあたって、「満州方面の人情、経済その他の事情を青年諸君にご研究願い、将来この方面へご発展の参考といたしたい」と述べ、福知山中学に「満蒙文庫」と名づける図書の寄贈をはじめるのである。広開土王碑の拓本も、その一連の流れのなかで寄贈された。

旧制福知山中学の卒業生である足立が満州に渡り、事業に成功したこと、そして自分の後輩たちに満州を知ってもらい、その地で活躍してもらうことを願い、満蒙関係の図書を数多く寄贈し、そのなかのひとつに、広開土王碑石灰拓本が含まれていたこと。これらの事実は、広開土王碑石灰拓本が、どのような意図で教育機関にもたらされたかを知る手がかりとなるだろう。

広開土王碑の拓本は、郷土の若い人たちへ「満蒙」への目を開かせるための格好の教材として、大陸に渡った人たちにより教育機関に寄贈される場合があったのである。山形大学に残された拓本も、同じように考えられないだろうか。

一九三〇年代以降、山形県からは、多くの人びとが満蒙開拓移民として大陸に渡った。その数は、長野県に次いで二番目であったといわれる。山形県の教育機関である旧制山形高校や山形県師範学校が、大陸とのかかわりを強く意識していたことは想像に難くない。山形大学の広開土王碑の拓本もまた、郷土の人びとと大陸進出とを結びつけるアイテムとして、この地にもたらされたのではないだろうか。

各地に残されている広開土王碑の石灰拓本には、それぞれ「来歴」があり、それがもたらされた「物語」があるはずである。それらを一つひとつひもといていくことによって、近現代の歴史認識や対アジア認識といった問題をあぶり出すことができるような気がしてきた。

私はこうして、広開土王碑の拓本にのめり込んでいったのである。

田山花袋はなぜ
広開土王碑に魅せられたのか

広開土王碑の拓本の来歴に迫る

勤務先の大学の図書館の書庫でひっそりと眠っていた広開土王碑の拓本に出会ったことがきっかけで、広開土王碑の拓本のもつ近現代史的な意味、というものを考えたくなった私は、広開土王碑研究の第一人者である武田幸男先生のもとで、調査の手法を学ばせていただくことになった。

武田先生にご一緒して拓本調査を進めていくなかであらためて驚いたのは、広開土王碑の石灰拓本が、全国各地に広く残っているという事実である。いまのところ、北は山形県から南は宮崎県まで、五〇点近くの拓本の存在が確認されている。長い年月を経て失われてしまったものもあるだろうから、実際にはそれ以上の数の拓本が、日本にもたらされていたことは想像に難くない。

武田先生とご一緒して、宮崎県総合博物館、岡山県の金光図書館、大阪歴史博物館、山口県文書館、群馬県館林市の田山花袋記念文学館などに所蔵または寄託されている拓本を調査する機会を得た。その一つひとつの拓本が、それぞれの来歴と物語をもっているのである。もちろん、すべての拓本の来歴が明らかになっているわけではないが、ここでは、来歴がはっきりとわかる事例をふたつほどあげよう。

宮崎県に残された拓本

ひとつは、宮崎県総合博物館に寄託されている拓本である。

この拓本は、大正一〇年（一九二一）二月、宮崎県高鍋町の勝浦鞆雄（かつうらともお）が宮崎神宮徴古館に出品したものであるという。勝浦鞆雄は、明治四二年から大正九年（一九〇九〜二〇）まで関東都督府（日露戦争後の明治三八年、遼陽（りょうよう）に設置された関東総督府が、翌三九年、旅順（りょじゅん）に移転、改組されたもの）中学校の校長をつとめており、おそらく入手時期はそのときであろうと考えられている。地元の名士である勝浦鞆雄が、大陸に渡っている間に広開土王碑石灰拓本を入手し、これを地元の宮崎神宮徴古館に出品したのである。

では、拓本が制作された時期はいつごろなのか。武田幸男先生の見解では、拓本の特徴から、大正元年前後に制作された拓本であると推定できるという。このことからすると、勝浦が大正九年に関東都督府中学校校長を辞任し、帰国するにあたり、この拓本を取得して、翌一〇年に地元の宮崎神宮に奉納した可能性がきわめて高いのである。

おそらくは「郷土の人びと」に「満州」や「朝鮮」について知ってもらいたいという思いから、

大陸に渡った郷土の人間が広開土王碑石灰拓本を入手し、これを地元にもたらしたのであろう。このように、各地から「満州」「朝鮮」に渡った人たちが石灰拓本を郷土に持ち帰ることで、石灰拓本は全国各地へと広まっていったのではないだろうか。

文豪田山花袋が残した拓本の来歴

もうひとつ、興味深い事例としては、文豪田山花袋（一八七一～一九三〇年）も、広開土王碑拓本を入手していた。

群馬県館林市にある田山花袋記念文学館には、花袋が所有していた広開土王碑の石灰拓本が所蔵されている。幸いなことに、拓本が花袋のもとに送られた際の木箱も残っており、そこには差出人として、「安東日本領事館　岡田兼一」の名が記されていた。安東領事館は、現在の遼寧省丹東市に所在した領事館である。

田山花袋は、昭和三年（一九二八）九月から一〇月の中国旅行の際に、「満州」の安東領事館で岡田領事と会い、このときに碑の拓本を見たのである。安東領事館で広開土王碑の拓本を見たときの感激を漢詩に書き残すほど、広開土王碑に対する花袋の関心は高かった。

さて花袋の年譜によれば、彼の安東滞在は、一〇月一一日から一四日までだったことがわかっているから、碑の拓本を見て感激し、これを取得したのは昭和三年一〇月一一日から一四日の間だったと思われる。ただし持参することはせず、その拓本を自宅宛に郵送してもらったことが、残されていた木箱からわかる。

では、この拓本の制作年代は、いつごろなのだろうか。二〇一四年七月に、武田先生を中心とするグループが調査を行い、私もその調査に参加した。

調査の結果、拓本の特徴から、大正元年前後から昭和九年（一九一二〜三四）までの、およそ二三年間に制作されたタイプのものであることが判明した。

しかし調査はこれで終わらなかった。この拓本には、制作年代をさらに特定する鍵となる、重要な痕跡が残されていたのである。

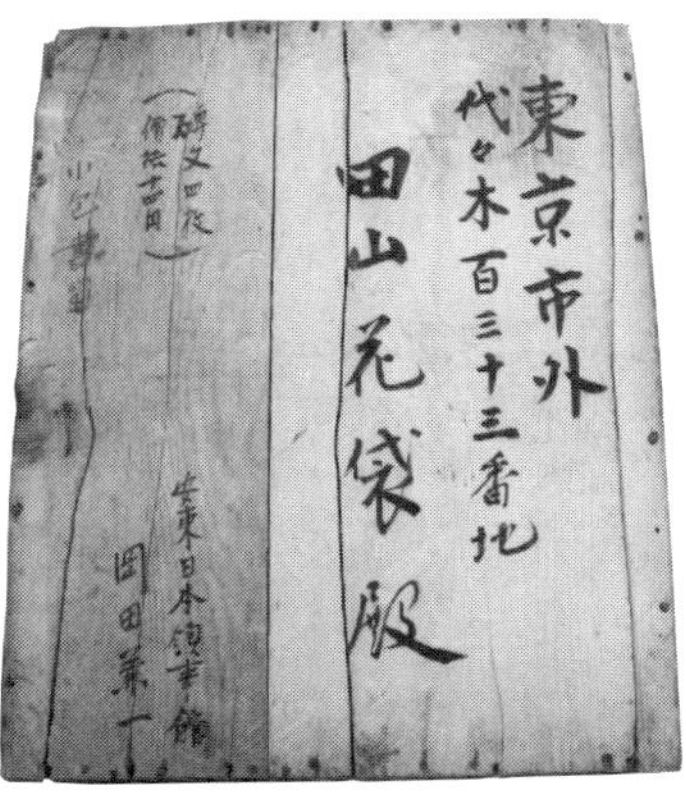

田山花袋本の外箱　「碑文四枚 価格十四円」とある。

それは、拓本の左右両端に付着していた多数の新聞紙片の存在である。

拓本に使われる紙を石碑に密着させるために、新聞紙片をいわばテープ代わりにして、拓本の紙を石碑に固定するのである。拓本が完成するとこれらの新聞紙片は剥がされるのが普通だが、この拓本にはそれが付着したまま残っていたのである。

新聞紙片は日本語の新聞であり、そのうちのひとつ

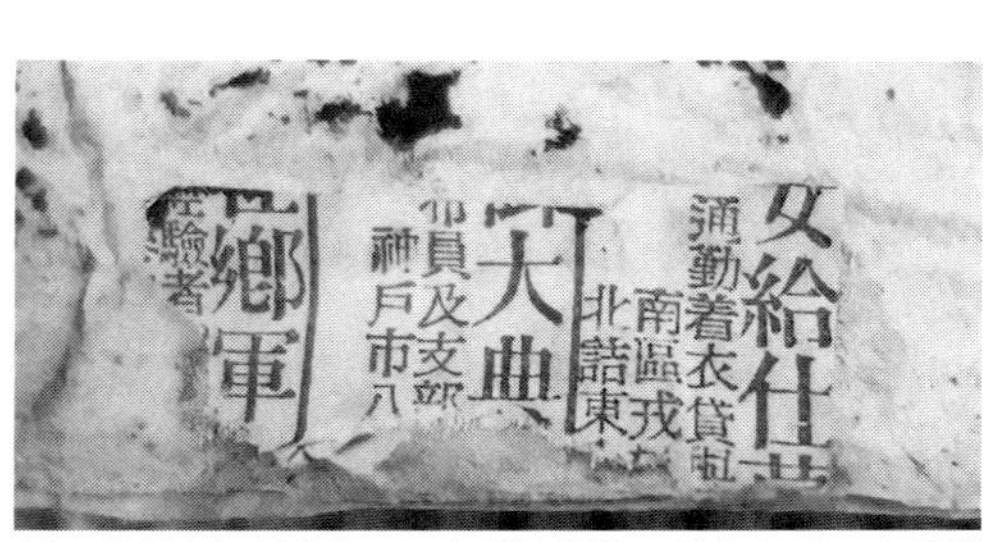

田山花袋本に付着していた新聞紙片　使われていた新聞は、大阪朝日新聞であることが判明した。

に「朝日」と書かれたロゴが確認できた。使われていた新聞が、大阪朝日新聞であることがこれにより判明した。

問題は、それがいつの新聞なのかである。新聞紙片はいずれも四センチから五センチ程度の小さなもので、文字もきわめて断片的である。しかし、そこにわずかに残された文字を読み取っていくことで、それがいつの新聞なのかを特定することができたのである。

決め手になったのは、「方の御霊を奉斎してゐる／天神地祇を奉じ天皇の／神になつてゐる神殿の」と、「御羽車に／れた後い／輦、皇后」と書かれた新聞紙片である。この記載から、昭和二年の大正天皇多摩御陵斂葬儀に関する記事か、翌三年の昭和天皇即位大礼に関する記事かの可能性がでてきた。

研究チームの赤羽目匡由さんや橋本繁さんの調査により、この記事は、昭和三年一月一日発行の朝刊の記事であることがわかった。つまり、昭和三年一月一日の新聞紙が、広開土王碑の拓本制作の際に、テープ代わりに使われていたことが判明したのである。

このことは、この拓本の制作の上限が、昭和三年一月以降であったことを示している。

一方で、田山花袋がこの拓本を取得したのは、昭和三年一〇月半ばごろである。つまりこの拓本

は、昭和三年一月から一〇月半ばの間に制作されたことになる。少なくとも花袋は、拓本が制作されてからほどなくして、それを入手したのである。

田山花袋が残した拓本は、拓本の制作から、その入手の時期に至るまでの状況を、かなり具体的に知ることのできる、きわめて貴重な事例である。

田山花袋本調査風景　2014 年の夏、館林市で調査が行われた。いくつもの紙を貼り合わせて 1 枚の大きな拓本に仕上げている。調査の際には、紙の貼り合わせのパターンを観察し、年代を特定していく。

田山花袋はなぜ広開土王碑に魅せられたのか

ところで田山花袋は、中国旅行からの帰国後、体調を崩し、昭和三年（一九二八）一二月二七日に脳溢血で倒れ、半身不随となった。さらに翌四年に喉頭癌を発病し、昭和五年五月一三日に逝去する。花袋は帰国後、送られてきた拓本とじっくり対面し得たのかどうか、よくわからない。もしも体調を崩すことがなければ、広開土王碑についてもっと多くのことを語ってくれたかもしれない。

それにしてもなぜ、田山花袋は広開土王碑にこれほどの関心をもったのだろうか。

彼は明治三七年（一九〇四）の日露戦争の際に、従軍記者として派遣されている。このときの経験が、広開土王碑に対する関心へと向かわせたのではないだろうか。軍隊が海を渡って外地で戦争をすることの困難さを目の当たりにした花袋は、それよりも一五〇〇年ほど前に倭国が海を渡って高句麗と戦争をしたという過去の歴史に思いを馳せ、みずからの体験を投影させたのかもしれない。

こうしてみると、明治三七年の日露戦争が、広開土王碑の拓本が日本に流布していくきっかけを与えたのではないかと思わずにはいられない。先に、東洋史学者の白鳥庫吉が、広開土王碑文にみえる倭国と高句麗の戦争を、日露戦争になぞらえる講演をしたことを紹介したが、そうした意識は、同時代の多くの知識人や文化人たちの間で共有されていたことだったのかもしれない。田山花袋が残した拓本は、そのことを教えてくれているような気がしてならないのである。

各地に残る広開土王碑の拓本の来歴や物語を明らかにしていくことは、近代日本の歴史認識や対外認識の深い部分を知ることにつながっていくのではないだろうか。そのためにこれからも私は、地道な調査を続けていきたい。

第三章

災害や自然環境の変化が、人びとの意識を変える

災害変化意識

過去の自然災害の歴史記録は、何を語りかけているのか①
――貞観地震の記録を読む

歴史から教訓を学ぶ

東日本大震災が起こったのは、二〇一一年三月一一日のことである。

あの震災を体験してから私自身、歴史に対するとらえ方が、ずいぶんと変わったような気がしてならない。

自然環境と人間の営みの関係を歴史的に考えることが大事だということは、以前から漠然とは考えていたが、震災の体験によって、そうした歴史の見方の大切さを、さらに実感するようになった。

じつは本書の企画にあたって、編集者から最初に言われたのは「震災から日本の歴史をみるという視点で書いてもらえませんか」ということであった。日本列島は古来さまざまな自然災害に見舞われたが、その自然災害に対して、人びとがどのように立ち向かい、克服しようとしていったかという通史を書け、というのである。

しかし、それは私の能力を超える問題である。災害という視点から日本史を通史的に描くという壮大な歴史など書けるはずもない。それにそうした視点から書かれた論文や書籍は、すでにたくさん公表されている。私には荷が重すぎるテーマである。

私自身、この問題に対してまだ体系的にまとめることができないのだが、さしあたり私自身が、自然環境と人間の営みとの関係について、自分が折にふれて調査した歴史資料から考えてみたことを書くのであれば、できそうである。

相変わらずとりとめのない話になってしまうが、自然環境と人間の営みに関する歴史について私自身が考えていることを、さまざまな歴史資料を素材に書いてみることにしたい。

「貞観地震」をひもとく

災害とひと口にいっても、さまざまな種類がある。地震だけではなく、火山噴火、洪水、旱魃(かんばつ)、さらには疫病なども含めてよいだろう。あたりまえのことだが、有史以来、人類はこうした災害と闘ってきたのである。

東日本大震災のときには、過去の地震の記録がしばしば取り上げられた。なかでも注目されたのが、平安時代の貞観(じょうがん)一一年(八六九)に起こった「貞観地震」である。

古代国家が公式に編纂(へんさん)した歴史書のひとつである『日本三代実録』の、貞観一一年五月二六日条には、このときの様子が次のように書かれている。

多賀城空撮　これまでの調査により、多賀城は政庁域、その周囲の外郭線で囲まれた実務官衙域、南西方の沖積地に展開する国府域の３地域で構成されていることが明らかになっている。

陸奥国の大地が大いに震動した。夜、流光が昼のように空を覆い照らした。その直後、人民は叫び呼び、地面に伏して起き上がることもできない。あるいは家屋がたおれて、その下で圧死する場合もあり、あるいは地面が裂けて、その土砂に埋まって死んでしまうという状況である。馬牛は、驚き走って、互いに踏みつけあう有様である。城郭や倉庫、また門櫓、垣壁などが崩れ落ち、ひっくり返ることが数知れない。海口がほえたて、その声は雷電のようであった。そして、激しい波と高潮がやってきて、川をさかのぼり、また漲り進んで、たちまち多賀城の直下まで到来した。海を離れること数十百里（数十里と百里の間）の距離まで洪水になった様子は、広々としてその果てを区別することができない。原野や道路はすべて青海原のようになってしまった。船に乗る余裕もなく、山に登る時間もなく、そのなかで、溺死するものが千余人にも及んだ。資産や田畑の作物は、ひとつとして遺ることなく全滅してしまった。

いまから一〇〇〇年以上前の地震の記録である。「陸奥国」とは、現在の東北地方太平洋側の地域（福島県、宮城県、岩手県）をさす。

地震のときの様子がかなり生々しく書かれているが、注意深く読むと、この記事は、ある場所に限定して書かれていることに気づく。それは、多賀城（現、宮城県多賀城市）である。

多賀城周辺の地震被害

多賀城とは、陸奥国におかれた古代の城柵である。古代の東北地方北部には、蝦夷と呼ばれる、古代国家に服属しない集団がいて、その支配の拠点としてつくられたのが多賀城であった。同時に、多賀城は陸奥国の国府、すなわち、いまでいう県庁にあたるような、陸奥国の行政の中心であったのである。

つまりこの報告は、多賀城にいた役人が、多賀城周辺の状況について報告した、きわめてピンポイントの被害報告なのである。ただ逆に、それにより、この付近の状況をきわめて具体的かつ詳細に知ることができる。地震のあと、津波により多くの被害が出たことが、具体的な数字をあげて記録されている。先の東日本大震災を彷彿（ほうふつ）とさせるような記述である。ちなみに当時の一里は約五三五メートルで、現在の多賀城跡の地点は、海岸線から約三キロのところにある。

　このときの地震の震源地は、東経一四三度から一四五度、北緯三七・五度から三九・五度付近、マグニチュードは八・六と推定されている。多賀城を取り巻いた津波は、七北田川（ななきたがわ）・名取川などをさかのぼったと考えられる。

　古代の城柵であり陸奥国府であった多賀城跡は、国の特別史跡として学術的な発掘調査が継続的に行われているが、発掘調査の結果、多賀城の中心部分にあたる政庁が、以下のように四回にわたり建て替えられていることが判明した。

Ⅰ期　創建〜大改修（七二四〜七六二年）

Ⅱ期　藤原朝獦（ふじわらのあさかり）による大改修〜伊治公呰麻呂（いじのきみあざまろ）による焼き討ち（七六二〜七八〇年）

Ⅲ期　焼き討ち後の再建〜貞観地震（七八〇〜八六九年）

Ⅳ期　地震後の再建（八六九年〜一一世紀中ごろ）

古代・東北地方の城柵

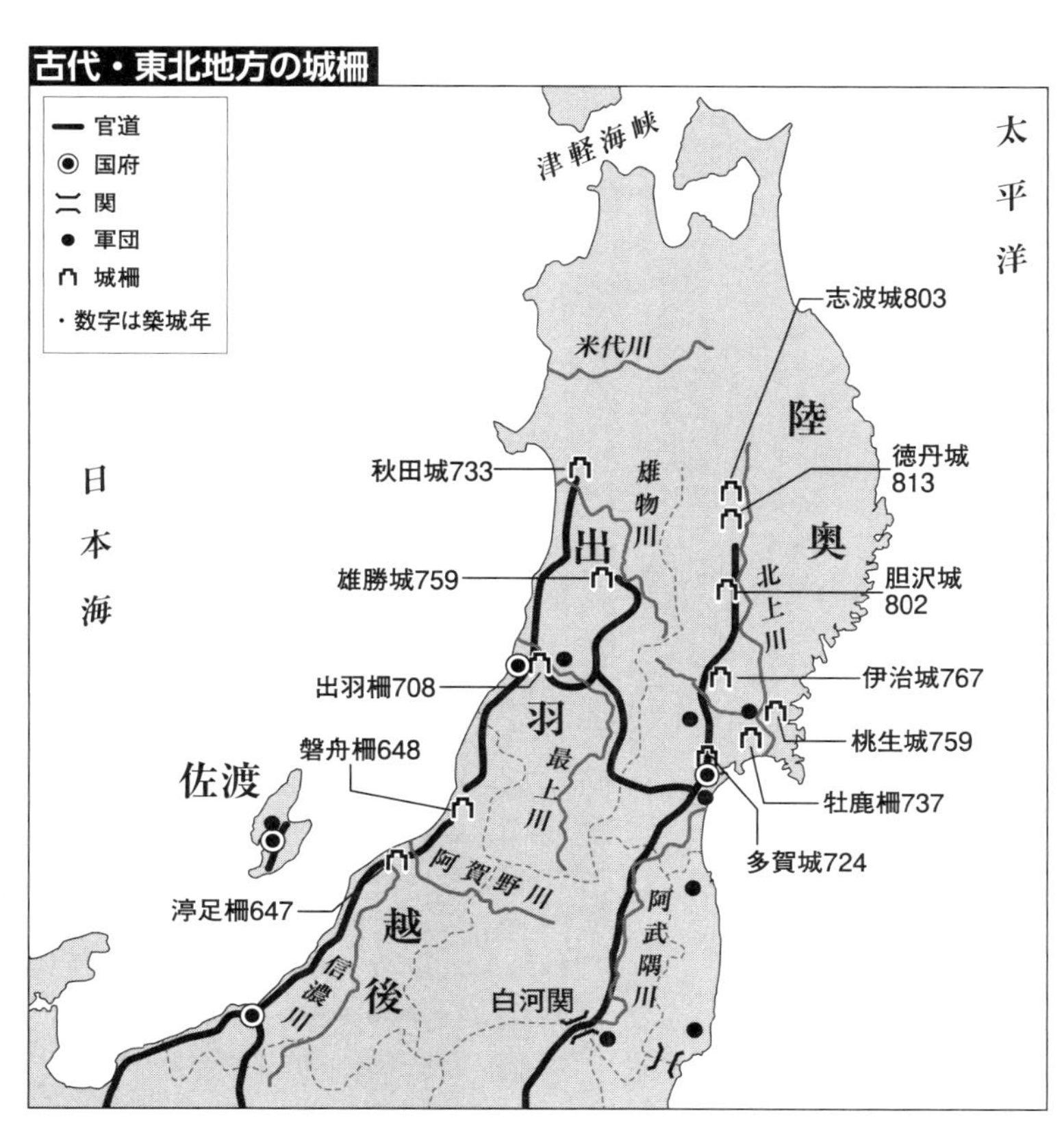

7世紀から9世紀にかけて、陸奥国・出羽国・越後国に城柵がおかれた。城柵は、蝦夷と対峙するための軍事的拠点であるとともに、その地を支配する行政の拠点でもあった。

このうち、Ⅲ期からⅣ期にかけての再建が、貞観地震による再建であることが、発掘調査の結果、明らかになっている。「城郭や倉庫、また門櫓、垣壁などが崩れ落ち」たとする多賀城の様子は、実際の発掘調査によっても、確かめられたのである。

地震被害に対する朝廷の対応

では、多賀城以外の地震の被害状況はどうだったのであろうか。地震が起こった四か月後の貞観一一年（八六九）九月、陸奥国大地震の被害状況を調査するため、「検陸奥国地震使」として都から紀朝臣（きのあそみ）春枝（はるえだ）が派遣された。そして、春枝の現地報告を受けて、同年一〇月一三日には清和天皇による詔が出された。

詔して曰（いわ）く、（中略）聞くところによると、陸奥国の境は、地震による被害がもっとも甚だしく、海水が溢（あふ）れ出たり建物が倒壊したりして、何の罪もない百姓たちに大きな被害をもたらしている。まことに慚愧（ざんき）に堪えず、責任は私にある。いま使者を遣わし、使者と国司が協議し、公民と蝦夷とを問わず、これを助けるようにしなさい。すでに死んだ者については手厚く葬り、生きている者には食糧を支給しなさい。被害の甚だしいところについては、租調（税）を免除しなさい。身寄りのない人びとや、自活できない人たちは、食糧を支給するなどしてこれを助けなさい。

この詔を読むと、大地震が起こった五月二六日の時点では、陸奥国府多賀城周辺の被害状況が詳細に伝えられてはいるものの、国府以外の陸奥国内の被害状況については、まったく把握できていなかったと考えられる。

九月七日に派遣された地震使は、国府周辺だけでなく、陸奥国内の被害状況を実際に踏査したのだろう。一〇月一三日の詔には、「陸奥国の境は、地震による被害がもっとも甚だし」かったと記されている。「陸奥国境」が具体的にどこをさしているのかは不明だが、海水による被害と建物の倒壊の被害をあげていることから、海岸地域をさしていると思われ、常陸国（現、茨城県）との境である福島県浜通り地方の状況を記しているのかもしれない。

そしてこの大地震に対する非常措置として、陸奥国の民衆に対して税である「租」と「調」を免除することや、自活できない者に対して食糧支給を行うことなどを定めている。

なおこの詔では、公民、蝦夷の別なく救済するという方針がとられるが、これは他の大地震の際にもとられている措置であり、朝廷の一貫した方針であった。

朝廷は、同年一二月一四日には伊勢神宮へ、同二九日には石清水神社へ使者を遣わして奉幣し、この年に起こった災害について報告している。その報告の内容とは、次のようなものである。

> 新羅の賊舟が二艘、筑前国那珂郡（現、福岡県福岡市）の荒津に到来して、豊前国（現、福岡県東部）の貢調船の絹や綿を掠奪して逃げ去っていったという。（中略）また肥後国に地震や風水害の災害があって、役所や家がことごとく倒壊して、多くの人びとが亡くなってしまった。このような災害は古来いまだ聞いたことがないと、古老なども申していたという。そうしている間に、陸奥国でもまた常とは異なる地震の災害が報告された。他の国々もまた地震災害があったと報告があった。

新羅の「賊舟」の筑前国への襲来、肥後国の地震と風水害、陸奥国の地震など、貞観一一年は、まさに災害と社会不安がピークに達した年であった。

じつは九世紀には、このほかにもさまざまな災害が起こっている。つづけて、九世紀に起こった別の地震についてみていくことにしよう。

過去の自然災害の歴史記録は、何を語りかけているのか②
――出羽国で起こったふたつの地震

天長七年の大地震

「貞観地震」は、東日本大震災とよく似た被害をもたらした地震として知られるようになったが、じつは東北地方では、この時期、このほかにも大きな地震を経験している。ここでは、陸奥国に隣接する出羽国（現在の秋田県と山形県にまたがる地域）で起こったふたつの地震についてみていくことにしよう。

出羽国では、天長七年（八三〇）と嘉祥三年（八五〇）に大地震が起こっている。とくに天長七年の大地震の際には、じつに詳細で、かつ緊迫した報告が出羽国司から朝廷に提出されている。少し長くなるが、『類聚国史』天長七年正月二八日の記事を現代語に直してみよう。

出羽国から早馬による報告があった。「秋田城に駐在する出羽国次官の藤原朝臣行則が今月三日の酉の刻（午後五時から七時）に出した報告によると、三日の辰の刻（午前七時から九時）

に大地が震動して、雷のような音がした。そのためあっという間に秋田城の城郭や官舎、四天王寺の丈六の仏像や堂舎がすべて倒壊した。城内にある百姓の家々も倒壊し、そのために圧死した者一五人、負傷した者も一〇〇人あまりを数えた。このような大地震はいまだかつて聞いたことがない。

大地も地割れし、その規模が三〇丈（約九〇メートル）、二〇丈（約六〇メートル）に及ぶところもあり、地割れのないところがない状態である。

秋田城の近くには大河があり、秋田河という。河の水もかれてしまい、流れも溝のように細くなってしまった。おそらくは河の底も地割れして水が海に流れてしまったためだと思うが、官民ともうろたえてしまい調査することができない。添河・覇別河は、両岸が崩れて河道をふさいでしまった。そのため河が氾濫して近辺の集落をおそうことを恐れた百姓らは、争って高台に登るありさまである。

本来ならば被害の詳細をまとめて報告するべきであるが、余震が一時（約二時間）のうちに七、八回も続く、風雪もあって現在までやまず、今後いかなる被害が出るかわからない。官舎も雪に埋まってしまい、すべてを区別して記録することもできない。

辺要にあっては城柵こそがその要である。その城柵が倒壊してしまっては非常事態に対処できない。そこで出羽国の諸郡から援兵を動員して、現在いる兵士に加えて非常時にそなえる

秋田城跡　復原された東門。

べきである。自分らは十分に協議していないが、事態はわれわれが考える域を超えている。そこで取り急ぎ援兵五〇〇人の派遣を要請し、また法に従って早馬で報告する次第である。ただし、被害の詳細については記録を作成して今後提出したい。

この記録を注意深く読むと、先にみた貞観地震の際の記録と同じで、秋田城とその周辺についてのみの被害が報告されていることがわかる。秋田城とは、出羽国に設置された城柵で、かつ出羽国の行政を行った役所でもあった。ここに常駐していた役人が、秋田城の被害状況について報告したのである。予想を超える災害に、役人も民衆もうろたえている様子がうかがえる。

この地震が起こってから三か月後の四月二五日に、

淳和天皇は次のような詔を出した。

聞くところによれば、出羽国で地震が起きて災害をもたらし、山河は変容し、城は倒壊して、人的被害を生じたという。なんの罪もない民が突然横死してしまったのは、政治を行う者として誠に欠けるところがあったといわねばならない。そこで特使を出羽国に派遣して慰問することにする。生業に励む民のなかで地震の被害にあった者については、特使と国司が協議して今年の租・調を免除し、また公民と蝦夷とを問わず国の米倉を開いて食糧などを支給し、住居の再建にも援助を与えて、生業を失うことのないようにせよ。圧死した者は早急に埋葬せよ。できるだけ広くねぎらい恵むことにより、朕の思いをかなえよ。

ここでは、特使を派遣し、特使と国司が協議をして、今年の租・調（税）を免除することや、公民と蝦夷とを問わず食糧を支給することなどが定められているが、これは先の陸奥国貞観地震のときの非常措置とまったく同じであり、一定の方針のもとで、大地震に対する朝廷の非常措置がとられていたことがわかる。

それにしても気になるのは、大地震に対する朝廷の対応の遅さである。前回取り上げた貞観一一年の陸奥国地震のときには、地震の五か月後に詔が出されたのと同様、天長七年の出羽国地震のときには、地震から三か後になって、ようやく非常措置についての詔が出されている。被害の状況をとりまとめるのにかなりの時間がかかったか、あるいは朝廷の関心がすぐにはそちらにふりむかなかったのか、いずれにしても、都と地方社会の、災害に対する認識の違いが、ここから読み取れるように思えてならない。

大地震は政治を動かす

出羽国におけるもうひとつの地震は、嘉祥三年（八五〇）一〇月一六日に起こった嘉祥地震である。『日本文徳天皇実録』嘉祥三年一〇月一六日の記事は、出羽国からの第一報と思われるものだが、「大地震が起こり、山や谷が場所を変えるほどの被害があり、圧死した者も多い」という短い報告であった。

ところがこの地震も被害が大きかったらしく、文徳天皇は一一月二三日には、先の淳和天皇のときと同じような詔を出して救済措置をとっている。

この嘉祥地震は、その後の出羽国の政治に影響を与え続けた。仁和三年（八八七）、出羽国の役所である国府を、日本海沿岸（現、山形県庄内地方）から、内陸部（現、山形県村山地方）へ移転させるべきかどうかという議論が起こった。そのとき話題に出たのが、四〇年近く前に起こった、嘉祥三年の地震だったのである。そのときの議論が、『日本三代実録』仁和三年五月二〇日条に記録されている。

これより先、出羽国の長官である従五位下の坂上大宿禰茂樹が報告した。

「国府は出羽国井口の地（現、山形県酒田市の城輪柵跡と推定される）にあります。（中略）去る嘉祥三年に大きな地震が起こり、地形が変わり、土地は沈下してぬかるみとなっています。それだけではなく海水が満ちあふれていて、国府に六里のところまで迫っています。最上川は崩壊し国府の空堀に一町（約一〇〇メートル）余りのところまで迫ったため、両側に被害を受け、堤防を築くことができない状態であります。国府はたちまち埋もれ沈んでしまうでしょう。そこで危険を避けるため、最上郡大山郷保宝士野（現、山形県村山地方）の安定した地盤のところに国府を遷し建てることを望みます」

出羽国の長官により提案された出羽国府の内陸部への移転は、この後の記事によれば、最終的には却下され、出羽国府は近隣の高台に一時的に移転するということで落ち着いた。

それにしても、このときの提案の根拠になったのが、四〇年ほど前に起こった地震だったことは驚きである。これが移転を実現するためのたんなる方便なのか、それとも実際に嘉祥地震が国府周辺に長きにわたり多大な被害をもたらしたことを意味するのかはわからないが、いずれにしても、国府の移転という重要な政策を決定していくなかで、四〇年前の地震が話題にのぼったことじたいは事実であり、大地震が長期にわたりその地域に暗い影を落としていたことを示している。

その一方で、中央の朝廷は、地震のあとに一時的に救済措置をとるとはいえ、長期にわたる救済を行った形跡はない。公式の歴史書からは、大地震の被害にあった地域の人びとが、どのようにしてそれを克服していったかを知ることができない。そもそもそうした記録が残っていないことじたいが、当時の政治権力者の関心のあり方を示している。この点は、現代の私たちが現実に直面している問題とも通じているように思えてならない。

出羽国府は日本海側におかれていたが、9世紀末には内陸の最上郡（現、山形県村山地方）に移転する案も出された。

過去の自然災害の歴史記録は、何を語りかけているのか③
——火山噴火と予兆

富士山噴火の記録

地震とならんで、火山噴火も、日本列島で頻発する自然災害のひとつである。巨大地震と火山噴火が連動して起こる場合がしばしばあり、いまの日本列島はまさに大地震動の時代である。

私が専攻している古代史の文献をひもといてみても、火山噴火は社会を揺るがす自然災害として、記録にとどめられた。

先にもふれたが、九世紀の日本列島は、数多くの自然災害に見舞われた世紀だった。火山噴火もまた、その例外ではない。たとえば富士山は延暦一九年（八〇〇）、同二一年（八〇二）、貞観六年（八六四）と三回噴火している。

当時の記録である『日本紀略』は、延暦一九年と延暦二一年の噴火について、次のように記している（現代語訳、以下同じ）。

［延暦一九年］
去る三月一四日から四月一八日にかけて、富士山で噴火が起こった。昼は噴煙により暗くなり、夜は火花が散ったように天を照らした。その音は雷のように鳴り響き、灰は雨のごとく降り続けた。山のふもとの川の水は真っ赤に染まってしまった。

［延暦二一年］
駿河国（現、静岡県）と相模国（現、神奈川県）から報告があった。「駿河国の富士山は、噴火のために昼夜を問わずあかあかとし、砂礫（されき）が霰（あられ）のごとく降っています」と。朝廷で占ってみたところ、「疫病が起こります」とのことであった。そこで駿河・相模の両国に命じて、災いを取り除くために富士山に鎮謝し、さらに読経（どきょう）をさせた。

そして延暦二一年の噴火のとき、噴石が交通路をふさいでしまったため、相模国の足柄路（あしがらじ）（足柄峠越えの道）が一時閉鎖され、筥荷路（はこねじ）（箱根峠越えの道）が迂回路（うかいろ）として使用されたという。

文献に記録された富士山の噴火でもっとも大規模だったといわれるものが、貞観六年の噴火である。当時の記録である『日本三代実録』の記事をみてみよう。

富士山の噴火（宝永４年〈1707〉）　富士山は何度も噴火している。宝永の噴火は大規模で、東麓の須走村（現、静岡県小山町）では、火山弾によって多くの家屋が焼けた。

［貞観六年五月二五日条］

富士郡の正三位浅間大神大山（富士山）が噴火した。その勢いは甚だ激しく、一里から二里（一里は約五三五メートル）四方の山を焼き尽くした。火炎は二〇丈（約六〇メートル）ほどの高さになり、雷のような大きな音がして、地震が三度あった。一〇日以上経過しても、火の勢いはなお衰えない。岩を焦がして峰を崩し、砂や石が雨のように降った。煙や雲が鬱々（うつうつ）と立ち込め、人は近づくことができない。富士山の西北にある本栖湖という湖に、焼けた岩石が流れ込んだ。それは長さ約三〇里、幅三里から四里、高さ二丈から三丈に及んだ。焔（ほのお）はついに甲斐国との境に達した。

［貞観六年七月一七日条］

駿河国の富士山が大噴火した。峰を焼き砕き、草木は焼け焦げた。土や石が流れて、八代郡の本栖湖と剗海（せのうみ）を埋めてしまった。湖の水は熱湯になり、魚や亀の類はみな死んでしまった。人びとの家も湖とともに埋まったり、また家が残っても人影がないような例は枚挙にいとまがない。ふたつの湖の東には河口湖という湖があり、焔は河口湖にも向かっている。湖が焼け埋まる前に大地震があり、さらに雷と豪雨があり、雲や霧が立ち込めて暗闇となり、山野の区別もつかなかった。そのあとに、このような災厄が訪れたのである。（注：剗海は大半が埋没し、一部が精進湖（しょうじこ）、西湖として残った）

記事を読むだけでも、噴火のすさまじさがわかる。こうした大規模な噴火に対して、当時の朝廷は「鎮謝」という方法をとった。「鎮謝」とは文字どおり、山の神の怒りをなだめ鎮める儀式のことである。火山噴火とは、山の神の怒りによるものという考え方があったのである。

東北地方の火山噴火

九世紀の火山噴火を、同時代史料から詳しく知ることができるものとしては、ほかに貞観一三年（八七一）に起こった鳥海山の噴火があげられる。秋田県と山形県の県境に位置する鳥海山の山頂

鳥海山の噴火（享和元年〈1801〉） このときの噴火は、火山灰の降灰、新山（溶岩ドーム）の形成、土石流の発生をもたらした。

には大物忌（おおものいみ）神社がある。火山の噴火は大物忌神の怒りにふれたことを意味し、戦乱の予兆であると、当時の人には考えられていた。『日本三代実録』という歴史書には、そのときの様子が詳細に伝えられている。

大物忌神社は鳥海山の山頂にあるが、（中略）そこで四月八日に噴火があって、土石を焼き、爆発音が聞こえた。しかも、山から発する川に泥水があふれ、硫黄の臭気が充満した。死んだ魚が多く浮かび、川はせき止められた状態になっている。一〇丈（約三〇メートル）ほどの長さの蛇が二四、あい連なって流れ出し、海口に入ったが、それにしたがって、多数の小さな蛇も流れた。川べりの作物は流損してしまい、草木さえ生えない状態である。国の古老たちに聞いたところ、こんなことはこれまでなかった。ただ弘仁(こうにん)年中に山で爆発があり、その後に戦闘が発生した。そこで占いを行ったところ、これは出羽(でわ)の名神に祈禱(きとう)をしながら特段の御礼をしていないためである。また山中に墓や遺体遺棄の場があって、山を汚すことに神が怒って山を焼いているのである。この災異にも鎮謝することをしないと、戦闘が起きるであろう。そこで、この日、国司に下知して、御礼をし、遺骸を整理し、鎮謝の法を行うことにした。

古代の災害の記録から教訓を学ぶ

さて、富士山噴火や鳥海山噴火の例でわかるとおり、火山噴火は山の神の怒りを意味すると、古代の人びとは考えていた。そしてその怒りをなだめ鎮めるには、一貫して「鎮謝」という方法がとられたのである。

ただそこで注目したいのは、富士山噴火の際には「疫病の予兆」であるととらえられ、鳥海山噴火は「戦乱の予兆」ととらえられていることである。火山噴火は、その時代、あるいはその地域でもっとも直面している課題や、もっとも懸念されている事態を人びとが感じ取り、その予兆であると解釈されてきたのである。つまりその時々の政治課題や社会不安という文脈のなかで、火山噴火の意味が解釈されてきた、といってもいいだろう。

言い換えれば、自然災害に対する人間の意識は、その時々の人びとが直面する政治課題や社会不安をもっともよく映し出しているのではないだろうか。

とくに大規模自然災害は、為政者たちの都合のいいように解釈される場合がある。東日本大震災のときに、ある為政者が「津波は天罰、我欲を洗い落とす必要がある」と発言し、問題になったことは記憶に新しい。為政者が自然災害に対して、現実に直面する政治課題を意識しつつ都合よく解釈してきた事実を、私たちは歴史から学ぶ必要があるのだ。

自然現象の変異に、いにしえ人は何を見たのか①
――空から石鏃が降る話

阿蘇山に戦乱の予兆を見た、いにしえ人

過去の火山噴火に関する記事を見てみると、なんらかの不吉な出来事の予兆であるとする考え方が広く存在していたことがわかる。

熊本県の阿蘇山も、秋田県の鳥海山と同じように、戦乱を予兆する火山と考えられていたようである。『日本三代実録』という歴史書の、貞観（じょうがん）八年（八六六）二月一四日条には、肥後国（ひごのくに）の阿蘇山に関して次のような記事がみられる。

神祇官（じんぎかん）（朝廷の祭祀（さいし）をつかさどる役所）が、「肥後国の阿蘇大神（阿蘇山）が怒りをため込んでいます。これにより、疫病が起こり、対外的な戦争が起こる恐れがあります」と、天皇に奏上した。そこで天皇は命じて、国司が身を清めて神社に奉幣し、さらに仏典を読むなどして、疫病や戦乱の災いを消し去るよう命じた。

正確にいえば、このとき阿蘇山は噴火していないのだが、噴火が起こる手前の、怒りをため込んでいる時期だと神祇官が判断したらしい。実際、貞観八年のこの年は、海の向こうの新羅（しらぎ）の海賊が襲ってくることにそなえて警固につとめさせたり、兵士に対して軍事訓練を徹底させたりしているので、軍事的脅威は現実のものであったようである。朝廷の神祇官が阿蘇山の自然現象にとくに注意をはらっていたことは、火山噴火と現実の脅威がやはり結びつくと考えられていたことを示している。

出羽国で起こった怪異現象

ところで、たまたま起こった自然現象が、現実に起こる事件の予兆であるという考え方は、科学的根拠のない、まことに不合理なものである。だが実際には、火山噴火だけでなく、さまざまな現象を前にして、人びとはそのように考えるものらしい。古い記録を読んでいると、しばしばそのような不思議な現象に出くわす。

またもや、九世紀の、出羽国（でわのくに）（現在の秋田県と山形県にまたがる地域）の話である。『日本三代実録』の、元慶（がんぎょう）八年（八八四）九月二九日条には、次のような話が書かれている。

出羽国司が報告した。「今年の六月二六日のことです。秋田城（秋田県秋田市にある古代最北の城柵）で雷が鳴り大雨が降りました。そのとき、石の鏃も二三枚降りました。また、七月二日には、飽海郡（現、山形県庄内地方）の海浜に石の鏃が降り、その鋒は、みな南のほうを向いていました」と。そこで陰陽寮（天文観察したり暦を作成したりする役所）が占ってみたところ、「出羽国で、きっと戦乱や疫病が起こるであろう」という結果が出た。

この怪異現象を受けて、同じ年の一〇月二日条には、

出羽国に命じて、警備を固めさせた。石鏃が雨のように降ったという怪異現象が、戦乱や疫病の予兆を示すと考えられるからである。

と、実際に出羽国の警固を命じている。

さらに『日本三代実録』を読み進めていくと、翌年の仁和元年（八八五）にも、同様の現象が起こっていたことがわかる。

去る六月二一日に、出羽国の秋田城の城内、および飽海郡の神宮寺の西浜に石の鏃が降った。このことについて、陰陽寮が報告した。「これはまさに憎き蝦夷の陰謀であり、戦乱が起こる

であろう」と。また、神祇官も報告した。「出羽国の飽海郡の大物忌（おおものいみ）神、月山神、そして田川郡の由豆佐乃売神（ゆずさのめのかみ）においても、同じような現象があった」と。そこで国司に命じて、謹んでそれぞれの神社に参拝して、同時に出羽国の警備を固めることにした。

さらに同二年四月一七日条にも、

> 出羽国に警備を固めさせた。去る二月、彼の国の飽海郡にあるいくつかの神社の周辺で石の鏃が降った。陰陽寮が占ったところ、「戦争が起こるので、警固すべきである」という結果が出たので、これによって万が一にそなえて警備を固めた。

と、同様の記事がみられる。

まことに不思議な記事である。これらの記事に共通しているのは、大雨とともに、石の鏃が降ったという事実である。しかも、降った時期は元慶八年から仁和二年（八八四〜八八六）に集中し、さらに降った場所は、出羽国の軍事拠点である秋田城と、大物忌神社がある飽海郡に集中している。

こんなことがはたして本当に起きたのだろうか。

「石鏃が降った」ということについては、次のようには考えられないだろうか。このときに降った

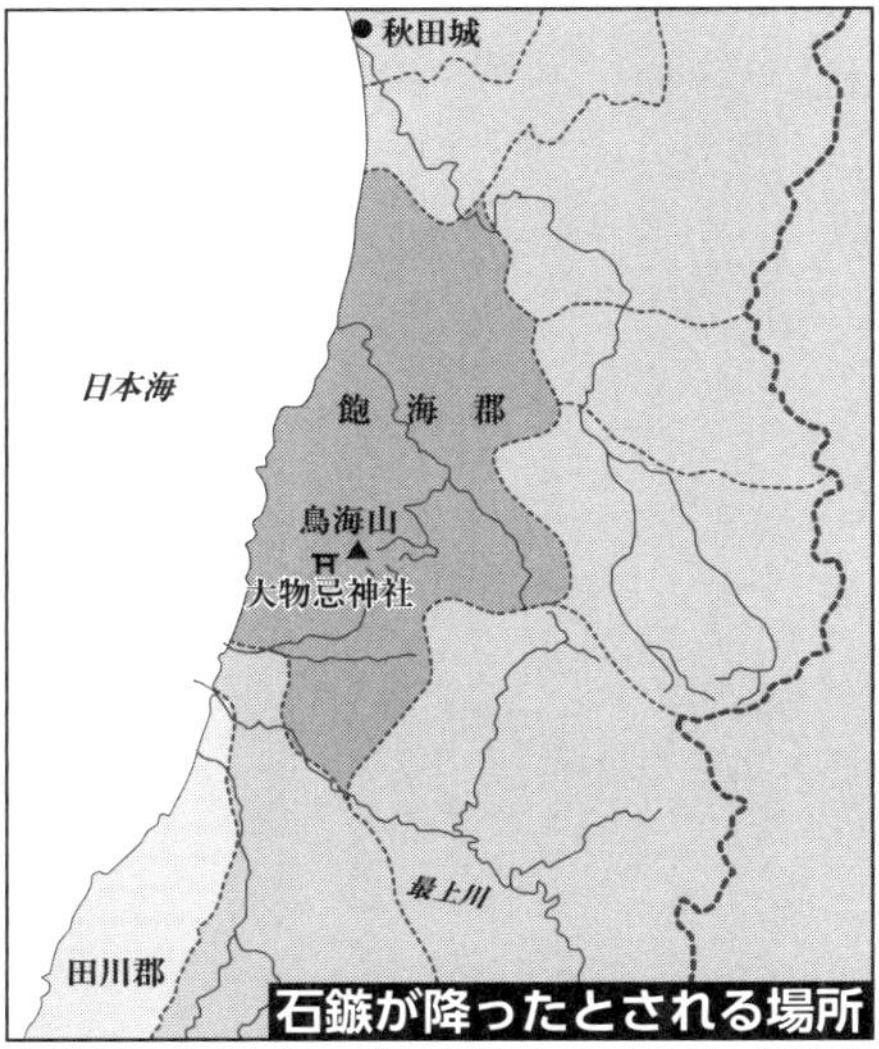

石鏃が降ったとされる場所

古代の歴史書には、秋田城や大物忌神社、飽海郡の海岸などに石鏃が降ったとする記事がみられる。

とされる石鏃は、じつは空から降ってきたものではなく、実際には地中に埋もれていた、たとえば縄文時代あたりの古い石鏃が、大雨で地表に露出したものにすぎないのではないか。それをあたかも、当時の人びとが空から石鏃が降ったかのように解釈したのである。

つまり、これじたいは、「縄文時代の石鏃が大雨の際に地表に露出した」という自然現象にすぎないのであるが、それが「戦乱」の予兆と結びつけて解釈されたわけである。

では、なぜこのような現象が戦乱の予兆と解釈されることになったのだろうか。

それは、この時期に出羽国で起こった朝廷と蝦夷との戦い、いわゆる「元慶（がんぎょう）の乱」が、大きく関係している。

「元慶の乱」と、その後に起きた怪異現象との関係

元慶二年（八七八）三月、出羽国にいた蝦夷が蜂起して、朝廷側の軍事拠点であった秋田城を急襲し、秋田城に火を放った。この事件をきっかけに、古代国家と蝦夷との全面戦争が起こった。蝦夷がこの時期に蜂起した背景には、旱魃により全国的に飢饉が起こったことに加え、蝦夷に対する朝廷側の苛政により、彼らの不満が頂点に達したためと考えられている。

勢いづいた蝦夷の軍勢は大挙して秋田城をおそい、戦況は蝦夷に有利であった。ついに蝦夷は秋田城下の一二の村を手中に収めた。さらに津軽や渡島（北海道道南）の蝦夷たちもこれに加勢した。

当初、朝廷側は圧倒的に不利な状況におかれたが、同年五月、朝廷は藤原保則という人物を出羽国に派遣した。各地の地方官を歴任し、善政で名をはせていた藤原保則は、蝦夷に対して毅然とした政策をとる一方で、蝦夷に食糧を与えるなどの懐柔政策をとり、これにより蝦夷の集団が次々と降服した。これによりひとまず蝦夷の反乱は鎮撫されたのである。

石鏃の怪異現象が起こったのは、この元慶の乱から数年たってからのことである。ひとまず戦乱は収束したとはいえ、この地域が完全に安定したというわけではなかった。いつまた不満をもった蝦夷が朝廷に刃を向けるかもしれないのである。

元慶八年から仁和二年（八八四〜八八六）に起こった石鏃の怪異現象は、そうした朝廷側の不安のあらわれとみてよいのではないだろうか。石鏃が降った場所が、秋田城と飽海郡に集中している

こともそのことを裏づける。秋田城は、元慶の乱の主戦場となった場所であり、飽海郡の大物忌神社は、朝廷側と蝦夷との戦況を左右する神と考えられていた。つまり、いずれも蝦夷との戦いを象徴する場所に、石鏃が降ったわけである。

さらに元慶八年の記事によれば、飽海郡の海浜に降った石鏃は、いずれも鋒を南に向けていたというのである。これはあたかも、蝦夷が朝廷に向けて鋒を向けていたことを示唆するものであろう。

地中に埋もれていた石鏃が、大雨が降ったあとに地表に露出するという現象じたいは、なにもこの時期に限ったことではないし、どこでも起こりうることであろう。じつはありふれた現象であるともいえる。それがことさら意味をもつ現象として解釈され、特定の年の、特定の場所の現象のみ記録にとどめられたのは、元慶の乱という過去の出来事が、未来への不安をかき立てたからではないだろうか。ありふれた自然現象は、ときに人間の不安が生み出す怪異現象へと変貌するのである。

自然現象の変異に、いにしえ人は何を見たのか②
——海獣の発見が歴史を予言する

「幻のサメ」にまつわる都市伝説

最近、こんなニュースを目にした。

二〇一七年五月二二日、千葉県館山市の沖合で、大きな口が特徴の「メガマウスザメ」と呼ばれる巨大なサメが定置網にかかっているのが見つかり、保護されたという。残念ながらそのサメはほどなくして死んでしまったが、その四日後の二六日、今度は三重県尾鷲（おわせ）市の尾鷲漁港から二〇キロの沖合で、水深約一〇〇メートルから引き上げた漁船の巻き網にメガマウスザメがかかっているのが見つかり、保護された。

メガマウスザメとは、体長が五メートルから六メートルで、その名のとおり巨大な口が特徴的なサメである。数年に一度しか発見されないことから、「幻のサメ」ともいわれている。昭和五一年（一九七六）にハワイの沖で発見されたのが最初で、その後世界で一〇〇例ほど発見されているといわれているが、そのうち二〇例ほどが日本であるという。それほどにめずらしいメガマウスザメ

メガマウス標本画　太平洋やインド洋などに生息しているメガマウスザメ科の海水魚。体長は大きいもので７ｍに及ぶものがある。

が、これほどの短期間に二例も日本国内で発見されるのは、きわめてめずらしいことなのだそうだ。

　このニュースで、私はメガマウスザメというものの存在を初めて知ったのだが、さらに調べてみると、メガマウスザメが発見されるのは、地震が起こる前兆であるという都市伝説があることを知った。これまでの例では、メガマウスザメが発見されたあと、必ずといっていいほど大きな地震が起こる、というのである。その事例を事細かくあげているインターネットのサイトもあった。

　もちろん、これにはまったく科学的な根拠がない。めったに見つからない「幻のサメ」といわれ、かつかなりインパクトのある姿のメガマウスザメが発見されると、なんらかの出来事の前兆であると考えたくなるのは、人情というものであろう。

　私はこのニュースを見て、ひとつの木簡（もっかん）のことを思い出した。秋田県井川（いかわ）町の洲崎（すざき）遺跡から発見された、鎌倉時代の木簡のことを、である。

中世の遺跡から発見された「奇妙な」一枚の板

八郎潟に面した秋田県井川町洲崎遺跡は、鎌倉時代の港町の遺跡である。中世の史料には、出羽国秋田郡に「湯川湊」という港町があったという記録が残っているが、洲崎遺跡は、その「湯川湊」にあたる可能性もあるといわれている。

八郎潟と洲崎遺跡周辺　写真の下方、現在の集落があるあたりに洲崎遺跡がある。

この遺跡の井戸跡から、絵が描かれた一枚の板が発見された。この井戸は、年輪年代測定という年代測定法により、弘安九年（一二八六）に伐採した木を使用していることが判明したため、井戸がつくられた年代も、一三世紀後半と推定される。

発見された板には、じつに奇妙な絵が描かれていた。まず、板の上のほうには、高下駄を履き、袈裟を着て数珠を持った僧侶が描かれていた。さらにその下には、二手二足をもち、人面・魚身で、顔と足を除く部分に鱗のある人魚が描かれている。

そして、人魚の前には、お供え物を載せたと思われる台と椀が描かれている。見ようによっては、僧侶が人魚を踏みつけているようにもみえる。

さらに、絵だけでなく、文字も書かれていた。カタカナで、「アラ、ツタナヤ、テウチ、テウチニトテ候、ソワカ」と記されている。最後の「ソワカ」とは仏教の言葉で、呪文などの最後につけて、その成就を願う気持ちをあらわす言葉である。全体の意味は「あらかわいそう（だけれども）殺してしまえ　そわか」となろうか。

どうやらこの板に描かれた絵は、人魚を僧侶が供養している絵のようなのである。そこでこの木簡は、「人魚供養札」と名づけられた。

ではなぜ、このような絵が描かれたのだろうか？　人魚とは、いったい何なのか。

その謎を解く鍵が、鎌倉幕府の公式歴史書である『吾妻鏡（あづまかがみ）』にみえる。宝治（ほうじ）元年（一二四七）五月二九日条をみてみよう。

報告によれば、去る五月一一日、陸奥国（むつのくに）の津軽の海辺に大魚が流れついた。その形は人間の死体のようであった。先日、鎌倉の由比が浜の海水が赤色に染まったことがあったが、あるいはこの魚のしわざだろうか。同じころ、奥州（現、東北地方）の海の波が紅のように赤く染まっていたという。このことについて古老に尋ねてみたところ、先例は不吉であると申した。文治（ぶんじ）五年（一一八九）の夏、やはりこの魚が岸に打ち上げられたが、その年の秋に藤原泰衡（ふじわらのやすひら）

人魚供養札　洲崎遺跡の井戸跡から発見された板に描かれていた。高下駄を履いた僧侶らしき人物が上に、人魚らしきものが下に描かれている。

が誅殺された。また、建仁三年（一二〇三）の夏に、同じく大魚が漂着したが、同じ年の秋に左金吾（源頼家）の御事があった。建保元年（一二一三）四月に大魚が出現したときは、五月に和田義盛の大乱があった。ほとんど世の御大事であるという。

この記事によれば、古老が語ったこととして、「大魚」が津軽の海にこれまで三度出現しており、いずれもその直後に不吉な出来事が起こったという。

一つめの、文治五年の「藤原泰衡の誅殺」とは、奥州平泉における合戦により、奥州藤原氏が滅ぼされた事件のことを指している。

二つめの、建仁三年の「左金吾（源頼家）の御事」とは、この年に起こった比企能員の乱のことをさしている。このとき、鎌倉幕府二代将軍源頼家の外戚として権勢を誇っていた比企能員が、北条時政の謀略によって滅ぼされ、比企氏の後ろ盾を失った源頼家は将軍の座を追われたのである。

そして三つめの「和田義盛の大乱」とは、建保元年（建暦三年）に起こった和田合戦のことをさしている。鎌倉幕府の有力御家人だった和田義盛が、執権北条氏との争いに敗れ、滅亡した。この事件をきっかけに、北条氏の執権体制はより強固なものとなったのである。

そして今回の場合は、宝治合戦の戦乱の予兆であった。大魚が発見された直後の六月五日、北条氏と有力御家人三浦氏との間で武力衝突が起こり、最終的に三浦氏は滅ぼされるのである。

このように、いずれも、津軽の海辺で大魚が発見された直後に、鎌倉幕府を揺るがす戦乱が起こるのである。

ちなみにその翌年の宝治二年一一月一五日にも、津軽の海辺に死んだ大魚が打ち上げられたことが報告されている。

陸奥国の留守所(るすどころ)の役人が報告した。「去る九月一〇日に、津軽の海辺で大魚が死んで海岸に漂着していた。その形は人間のようでした」と。このことは先例が三度あって、いずれも吉事ではなかったため、留守所が配慮して報告していなかったところ、風聞があって尋ねられたため、このように報告してきたという。

津軽の海辺に漂着した大魚とは、その形がいずれも人間のようであったという。このことから、北海道などの北方に生息するアザラシやアシカなどの鰭脚類(ききゃくるい)をさすと思われる。

「人形供養札」に人びとがこめた願い

話を洲崎遺跡の「人魚供養札」に戻そう。人魚供養札は、こうしたアザラシやアシカなどの漂着にともない、不吉な出来事が起きぬことを願ってつくられた札ではないだろうか。

『吾妻鏡』にみられるように、津軽の海岸に漂着したアザラシやアシカは、不吉な政変の前兆を示すものとして幕府に報告されていたが、秋田の八郎潟周辺でも同様に、アザラシやアシカが漂着し、やはりそれは不吉なものとしてとらえられていたと考えられるのである。

当時の人びとの意識が、鎌倉幕府の公式歴史書である『吾妻鏡』と同時代の木簡に共通してあらわれていることは、きわめて興味深い。本州の海岸への鰭脚類の漂着が、幕府における政変の前兆であるとする「都市伝説」は、当時かなり広く共有されていたのである。

なぜ、このような科学的根拠のない都市伝説が、まことしやかに信じられていたのであろうか。人びとは、北海道などの北方地域に生息する鰭脚類が本州の海岸に出現する事実のなかに、なんらかの自然現象の変異を見いだしていたのではあるまいか。そして自然現象の変異が政治の異変に影響していると感じ取ったのではないだろうか。

大小さまざまある自然現象の変異は、人びとが営んできた歴史に大きな影響を与え続けてきた。それはたんに物理的な意味だけにとどまらない。人間の意識のレベルにまで、影響を与え続けてきたのではないだろうか。自然と人間との関係の歴史を研究する醍醐(だいごみ)味は、そこにこそ存在すると思うのである。

古来、人びとは、どのように自然に挑んできたのか

いにしえ人と自然開発

日本列島では、地震や火山噴火のほかにも日照りや水害など、さまざまな自然災害が人びとを悩ませてきた。それに対して、人間はもちろん、なすすべもなく立ちすくんでいたわけではなかった。人間は、自分たちが住みやすい環境にするために、絶えず自然に手を加えて、開発を進めていったのである。自然と人間の共生というのが、もちろん理想的な姿であるが、ときに人間が無謀な開発を進めていったというのも、歴史の現実である。

たとえば、むかしの人びとは、自然を開発することに対して、どのような意識で臨んでいたのだろうか。

古代に残された文献のなかに、この点についてよくわかるエピソードがある。

奈良時代前半（八世紀前半）には、全国で『風土記（ふどき）』と呼ばれる地誌が編纂（へんさん）されたが、そのなかでいまに残る「風土記」のひとつとして、『常陸国風土記（ひたちのくにふどき）』がある。常陸国というのは、現在の茨

城県のことである。そのなかに、箭括麻多智（やはずのまたち）という人物の土地開発伝承が残されている。少し長いが、その伝承の内容をみてみよう。

継体（けいたい）天皇の時代、常陸国行方（なめかた）郡に箭括麻多智という人物がいた。あるとき、谷にあった葦原（あしはら）を切り開いて、田を開墾しようとすると、「夜刀（やと）の神」が群がってあらわれた。「夜刀の神」とは、もともとこの谷地に住んでいる蛇のことで、地元の人びとは、この谷地に住む神としておそれていたのである。夜刀の神は、箭括麻多智が、この谷を開墾することに対して、抗議する意味であらわれたのであった。

これに対して箭括麻多智は、甲鎧（かっちゅう）と矛（ほこ）を身につけて、夜刀の神を撃退してしまった。そして、山の登り口のところに、土地の境界を示すための柱を立て、夜刀の神に告げて言った。「ここより上の山側は神の土地、そして、ここより下を人間の土地とする。これからは、私が土地の神を祭る者となって、永久に敬い祭ることにしよう。どうか祟（たた）らないでほしい」

かくして、箭括麻多智はその谷地を開発する代わりに、夜刀の神を祭るための神社をつくった。そして彼の子孫たちも、あとを継いで代々この神社のお祭りを担当したのだった。

ここにみえる継体天皇の時代とは、六世紀前半ごろにあたると考えられる。この説話は、そのころの人間と土地とのかかわりを知ることのできる、興味深い史料である。

この土地に住む当時の人びとは、人間よりも前にこの地に住んでいた蛇を「夜刀の神」としておそれていた。そして、土地を開発する際には、ある程度その夜刀の神を撃退しつつも、一方で彼らとの共存も図らなければならない、と考えていた。それゆえ、人間の開発できる地域と、土地の神が所有する地域との間に境界を設けて、両者の共存を図ったのである。この記事からは、本来開発は無制限に行えるものではなく、土地の神に十分配慮しなければならなかったことを示している。そしてそれをコントロールできる人物が、その土地の支配者になり得たのである。

ところが、この伝承には続きがある。『常陸国風土記』には、この土地のその後について、次のように伝えている。

箭括麻多智の時代から一〇〇年以上たった、孝徳天皇の時代、こんどは壬生連麻呂（みぶのむらじまろ）という豪族がその谷を占有することになった。池の堤を築こうとしたときに、ふたたび夜刀の神が池のほとりに集まってきた。

壬生連麻呂は、いつまでも去ろうとしない夜刀の神に向かって叫んだ。「この池をつくって、君主に誓って配下の民を生かそうとしているのだ。なぜ神が君主のもとに従わないのか」。次に、池をつくるために動員された人びとに向かって言った。「目に見えるさまざまなもの、魚や虫のたぐいは、遠慮せずにことごとく打ち殺せ」と。これを聞いた夜刀の神は、その場を去って、隠れてしまった。

孝徳天皇の時代（六四五〜六五四年）とは、七世紀半ば、教科書的にいえば大化改新が行われた時期にあたる。この時期に、箭括麻多智に代わってこの土地の開発を進めた壬生連麻呂は、自然との共存を図ろうとせず、むしろ君主の命令のもとに、問答無用で土地開発を行う、という姿勢をみせたのである。この時期の支配者は、自然の神との契約をある程度無視しても、労働力を集約して池をつくり上げることのほうが理想とされたのである。

七世紀後半という時代はちょうど、中国的な律令制度が導入されようとする時期である。この時期、土地の開発を国家主導で行うという人間中心主義的、合理的な考え方が理想とされたのかもしれない。じつはこの考え方の変化こそが、日本列島が律令制度を建前とする中央集権国家へ変貌することを思想的に支えたのである。

木簡から読み解く自然と人との関係史

さて最近、この伝承を彷彿(ほうふつ)とさせる木簡(もっかん)が出土した。二〇〇八年に発見された、奈良県高取(たかとり)町の薩摩遺跡出土木簡である。

薩摩遺跡からは、二本の尾根に挟まれた谷地形の中に、古代に築造された池が発見された。さらに、翌二〇〇九年の調査では、池の堤、およびその内部に設置された木製の樋（とい）や、池の水を下流に配るための放水路などを検出した。農業灌漑（かんがい）用の池であると推定されている。

池の堤は、初めて築いたあと、三回にわたる拡張工事がなされていて、そのたびに木製の樋が改修されている。このため、合計四期分の木樋（もくひ）が出土した。一連の築造や改修工事は、奈良時代から平安時代にかけて行われたと考えられる。

木簡は、その池の中の堆積土から出土した（釈文は『木簡研究』三二号、二〇一〇年による）。

・「田領卿前□〔拝カ〕申　此池作了故神　」
・「癸〔発〕応之　波多里長檜前主寸本為
　□□〔次カ〕□遅卿二柱可為今」

二一六ミリ×四一ミリ×九ミリ　011型式

木簡の内容を分析してみよう。まず表面から裏面の途中までは、次のような内容である。

田領（でんりょう）卿の前に拝み申し上げる。この池をつくり終わりました。するとそこに神があらわれ、これに応えました。

最初に書かれている「田領」とは、郡司のもとで農業経営を担当する地方豪族のことである。裏面下半部は二行で書かれており、正確な意味をとるのは難しいが、

波多里長（はたのさとおさ）である檜前主寸（ひのくまのすぐり）が、池の築造をもともと行ったが、今は□□□遅卿のふたりが行う。

と解釈することができる。「檜前主寸」は「檜前村主」とも書き、朝鮮半島からの渡来系氏族の名前である。

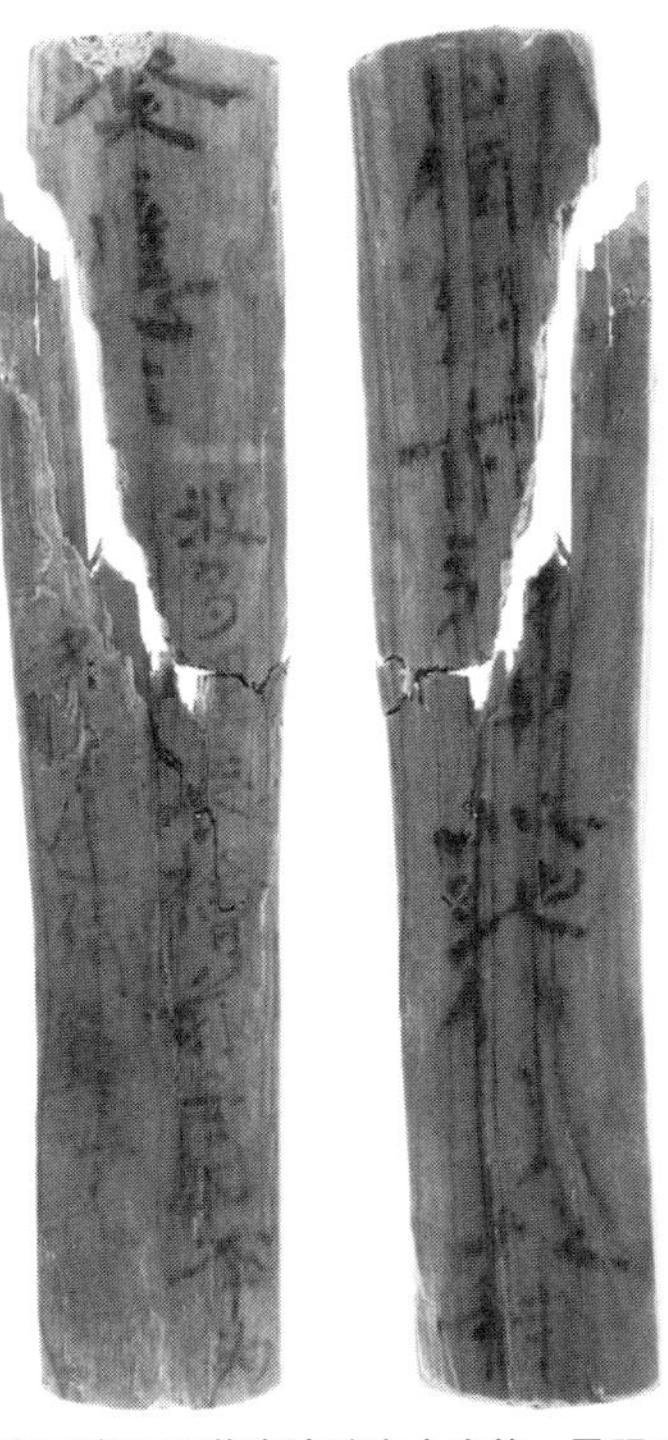

奈良県高取町薩摩遺跡出土木簡　冒頭の「田領」とは、郡司のもとで農業経営を行う者をいう。

全体の内容をまとめてみると、この池はもともと奈良時代に「波多里長」である「檜前主寸」という渡来系氏族によって築造され、のちに改修工事を受けた、ということであり、この内容は、発掘調査

により池が何度も改修工事をしている事実とも一致している。しかも、池の築造には、渡来系氏族や、郡司の下で農業経営を行う「田領」などがかかわっていたことを具体的に知ることができ、とても興味深い。

興味深い点はそれだけではない。池の築造にあたっては、土地の神の合意が必要であったことも、この木簡は示している。この点は先に紹介した『常陸国風土記』の箭括麻多智伝承を彷彿とさせるではないか。

池の築造は、灌漑用水の確保など人間の生活にとって不可欠な装置であり、自然を改変しなければなし得ない。だからその土地の支配者たちは、多数の労働力を動員し、土地を改変して、池をつくることに専心した。しかしそこには、自然の神との一定の合意が必要であるという意識がやはり存在したのではないか。それがときに、人間による一方的な開発にある程度の歯止めをかける役割を果たしたのかもしれない。

先日、私はある村を訪れ、ダムに沈んだ村の歴史を目の当たりにした。長らくそこで暮らしていた村の人たちが、ダムの開発により立ち退きを迫られた現実がそこにはあった。自分たちの村を守ろうと最後まで抵抗した人たちもいた。ダムに沈んだ村の歴史を大事に残していこうとする人たちもいた。私はそこに、『常陸国風土記』の「夜刀の神」を重ね合わせながら、開発はときに、自然だけでなく人間自身にもその矛先を向けることがあるのだという現実を知ったのであった。

歴史を「古代」から「中世」へと変化させた原動力とは何か

現代人のなかに生き続ける将門伝説

平将門という名前は、日本史をひと通り学んだ人であれば、一度は耳にしたことがあるだろう。平安時代中期の一〇世紀前半に、朝廷に反旗を翻して坂東（現、関東地方）で大規模な反乱を起こし、坂東を制圧し、みずからを「新皇」と名乗ったことで知られている。

平将門の乱は、なぜ起こったのか。大規模な反乱を生み出した背景は、次のようなものである。

九世紀末の坂東諸国は群盗に悩まされていた。群盗には、東国に移配された俘囚（律令国家に帰属した蝦夷）などが多く含まれていたといわれる。弓馬に優れていた彼らのなかには、朝廷の内民化政策になじまない者もいたのだろう。群盗はやがて「僦馬の党」とも呼ばれるようになり、東海道や東山道といった官道を往来しつつ、略奪行為を行っていた。こうした東国の治安悪化にともない、朝廷は押領使を派遣して、騒乱の鎮圧にあたったのである。

平将門の祖父高望王も、そうした群盗を鎮圧するために上総介として下向した貴族のひとりであ

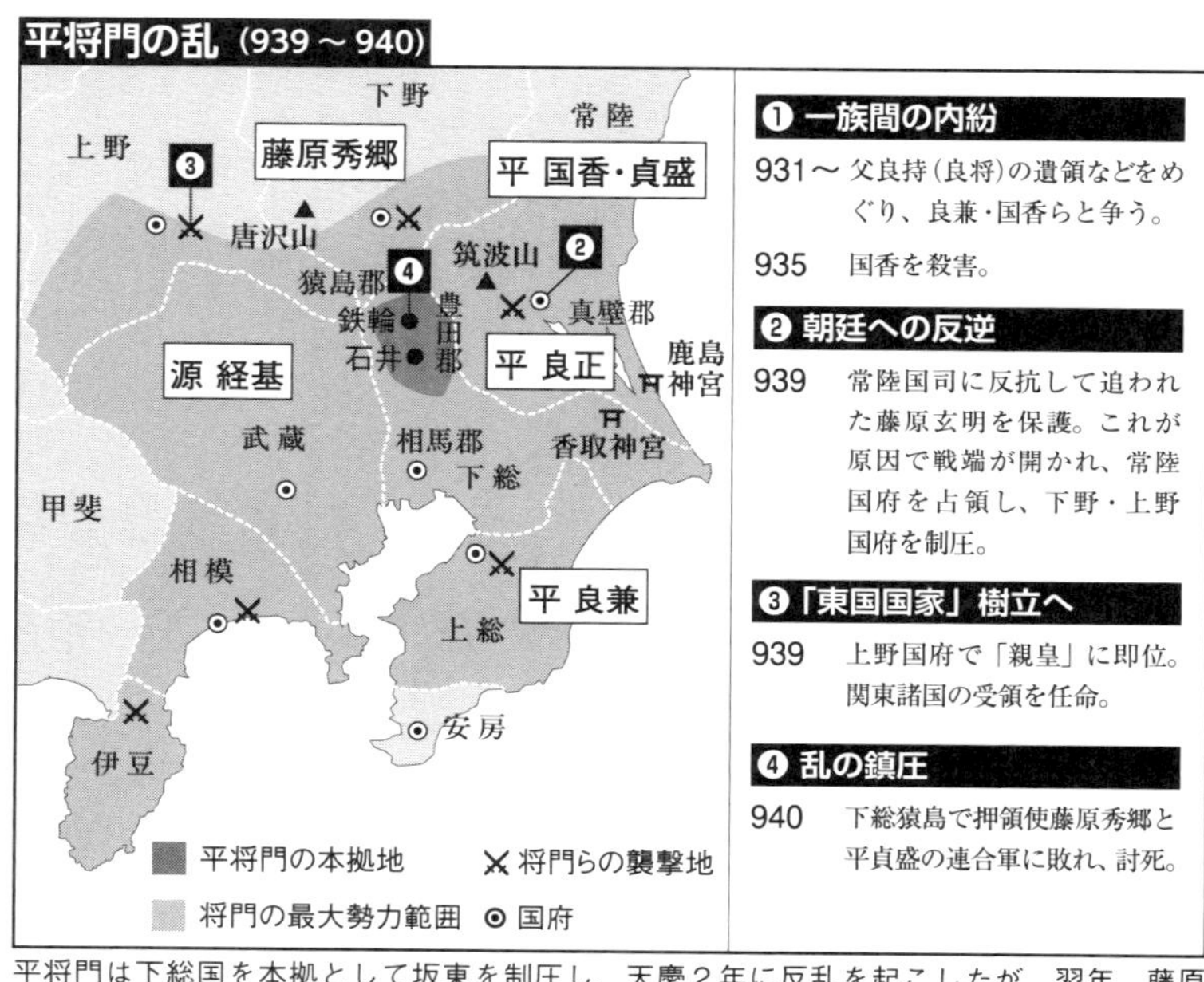

平将門は下総国を本拠として坂東を制圧し、天慶２年に反乱を起こしたが、翌年、藤原秀郷・平貞盛によって滅ぼされた。

る。彼は任期が終わってからも帰京せず、やがて孫の平将門は下総国を本拠として坂東を制圧し、天慶二年（九三九）、ついに朝廷に反旗を翻すことになる。これが平将門の乱である。翌天慶三年、将門は、朝廷から派遣された押領使の藤原秀郷・平貞盛によって滅ぼされた。

なおこれと同じ時期、瀬戸内地方では藤原純友が海賊を率いて反乱を起こしたことも有名である。東と西で同時に起こった大規模な反乱は、「承平・天慶の乱」という名前で総称されたりするが、近年の研究では、将門や純友が国家に反乱を起こすのが天慶年間（九三八〜九四七）以降であると考えられることから、「天慶の乱」という呼称が一般化しつつある。

平将門の乱は、当時の貴族たちにとって相当なインパクトだったらしく、その後も長く記憶に残り続けた。将門の反乱の一部始終は『将門記』にまとめられ、その後の軍記物語の先駆けとなった。貴族たちだけでなく民衆にも、将門伝説は語り継がれた。たとえば、東京都千代田区大手町のオフィス街にある平将門の首塚である。この首塚をめぐっては、文字どおりさまざまな都市伝説が語られており、林立するオフィスビルの中にひっそりとあるこの首塚を訪れる人があとを絶たない。また、東京都千代田区の神田明神では、いまでも平将門の霊を鎮める祭りが行われている。

平将門の首塚　東京都千代田区大手町のオフィス街に今も平将門の首塚が残っている。

平将門は、小説やドラマのモチーフにもなっている。昭和五一年（一九七六）に放映されたNHKの大河ドラマ『風と雲と虹と』は、この天慶の乱を題材にしているし、荒俣宏さんの小説『帝都物語』は、平将門の怨霊というのが、重要な鍵となっている。

歴史上の人物は、その後の歴史のなかで再生産されることで、人びとの意識のなかに残り続ける。そのようにして平将門は、いまの私たちにもなじみのある歴史上の人物となったのである。

「平忠常の乱」がもたらした房総諸国の荒廃

平将門の乱についてはよく知られているが、それから一〇〇年後にやはりほぼ同じ地域で起こった大規模な反乱、「平忠常の乱」は、おそらく平将門の乱ほどには知られていない。房総三か国（上総・下総・安房、現在の千葉県と茨城県南部）で起こった平忠常の乱は、将門の乱以来の大規模な反乱であり、この反乱により、房総三か国は未曽有の荒廃を招くことになった。

平忠常の祖父良文は、平将門の叔父にあたる。良文は下総国相馬郡一帯を中心に勢力を伸ばし、子の忠頼、さらに孫の忠常がその地盤を受け継いだ。忠常は上総介、下総権介を歴任したようで、上総・下総を中心に私営田（私費で大規模に開発した田地）を経営し、勢力を誇っていた。

万寿五年（長元元年〈一〇二八〉）、平忠常が安房守惟忠を焼き殺したことが中央政府に伝わると、ただちに平忠常とその子常昌を追討する宣旨が下された。政府は、平直方と中原成通の二人を追討使に任じた。

平将門・忠常略系図

- 桓武天皇……平高望（高望王）
  - 国香
    - 貞盛
      - 維衡
      - 維将
  - 良兼
  - 良将（良持）
    - 将門
  - 良正
  - 良文
    - 忠頼
      - 将常
      - 忠常

平直方は、かつて平将門を破った平貞盛の曽孫で、平忠常の「良文流平氏」とは対立関係にあった。直方はこの機に乗じて、因縁の関係にある平忠常を破り、坂東に進出しようと考えたのである。

平忠常の乱（1028～31）

平忠常が安房守惟忠の館を襲撃したことを契機に、万寿５年、政府は平忠常らを追討するため命令を出した。忠常の乱が平定されたのは、長元４年のことである。

だが坂東に下った追討使は、思うような成果を上げることができなかった。翌長元二年には、直方の父維時（これとき）も追討に加わったが、忠常のしぶとい抵抗により追討ははかどらず、また、追討使のひとりである中原成道が解任されるなどして、事態は長期戦の様相を呈してきた。

政府は事態の早期収拾を図るべく、直方を更迭し、甲斐国守の源頼信に忠常の追討を命じた。頼信はかつて、忠常を降服させ家人としたことがあり、その実績を買われて起用されたのである。頼信の地道な交渉により忠常は降服し、長元四年、平忠常の乱はようやく収束したのである。

この四年におよぶ内乱により、房総三

か国は荒廃した。源経頼（つねより）という貴族が書いた『左経紀（さけいき）』という日記の長元七年一〇月二四日の記事には、上総守藤原時重の報告として、

上総国には本来二万二九八〇町ほどの田があったにもかかわらず、忠常が降服した長元四年には一八町しかなかった。

と書かれている。かなり誇張も含まれているとは思うが、忠常の乱によりほとんどが荒野と化したと認識されていたのである。

忠常の乱が起きた一一世紀は、自然環境にも著しい変化があった。富士山の噴火（一〇三二、一〇八三年）や浅間山の噴火（一一〇八年）をはじめ、旱魃（かんばつ）や洪水・長雨の被害、疱瘡（ほうそう）などの疫病も流行した。一説にはこの時期、地形環境の著しい変化により、地下水位が低下し土地が高燥化（土地が高く湿気が少なくなる）し、湿田が減少したために荒野が広がったともいわれている。当時の貴族の日記には、平忠常の乱後の房総三か国の状況が「亡弊」あるいは「亡国」となったと記されている。戦乱に加えてこの時代の自然環境の著しい変化が、土地の荒廃を招いていったのである。

歴史を「古代」から「中世」へと変化させた原動力

では、こうした状況は、どのように克服されたのだろうか。先ほどの『左経記』の長元七年（一〇三四）一〇月二四日の、上総守藤原時重の報告の続きには、

農業を進めた結果、今年（長元七年）のうちには一二〇〇町あまりを回復することができ、他国に散在していた人民も多く帰ってきた。

とある。戦乱で他国へ逃れた人びとを帰住させ、荒廃した田地の再開発を進めていったのである。これは房総三か国に限ったことではなく、この時期、列島各地にみられる状況であった。荒廃・荒野化して耕作者のいなくなってしまった土地に、戦乱をはじめとするさまざまな事情で逃散した人びとを帰住させてふたたび開墾する行為を、当時の史料では「開発」と記している。一一世紀は、国土の荒廃・荒野化から復興するために、新たな形で労働力を集約させ、土地の再開発を進めた「大開墾時代」なのである。

上総国の例でみたように、国司の主導のもと、荒廃した土地を復興させ、大規模な再開発を進めていくことになるのだが、その下でそれを実行したのが開発領主と呼ばれる新たな有力者である。彼らにより、古代的な土地支配はリセットされ、新たな土地支配へと再編される。これが、荘園制

的な土地支配につながっていくことになる。私たちが「中世」と呼ぶ時代のイメージが、かくして形成されていくのである。

歴史の授業では、しばしば古代から中世への時代の変化を「貴族の時代から武士の時代へ」、という言葉で表現したりすることがある。政治権力の交替という観点から歴史を眺めれば、たしかにそのようにみえるかもしれない。しかし中央の政治権力者の歴史だけをみていては、歴史の本質には迫れないのではないか、と思う。災害や戦争など、人間の手には負えない困難に直面したその時代の社会が、その状況を克服していく過程のなかにこそ、新たな時代の萌芽をみることができるのである。

さて、平忠常が所領としていた下総国相馬郡一帯のその後をみてみよう。戦乱で荒廃したこの地域は忠常の乱のあともその子孫が引き継ぎ、再開発が行われることになる。平忠常の曽孫の常兼は千葉氏を称し、その子の千葉常重が大治(だいじ)五年(一一三〇)、相馬郡の所領を伊勢神宮に寄進し、相馬御厨(そうまのみくりや)が成立する。忠常の乱で荒廃した地域は、中世的荘園として生まれ変わったのである。

明治時代の人たちはなぜ、遠く離れた被災者の救済に乗り出したのか

道南の旅で発見した、ひとつの歴史資料

東日本大震災を体験してからというもの、いままで見過ごしてきた歴史資料に目を向けるようになった。そのことが、私自身の研究にも大きな変化をもたらした。

函館（箱館）、松前、江差の道南３地域は、北前船による交易で栄えた。

二〇一六年秋、北海道の道南を旅した。函館から松前、そして江差へと車でまわったのである。江戸時代、この地域は、いわゆる北前船による交易が盛んに行われていて、その跡をたどることが目的だった。

旅の最後に訪れた江差という町も、かつては北前船により繁栄を誇った町であった。北前船の船主や豪商が住む、活気にあふれた町だったのである。

その面影をいまに伝える、旧関川家別荘を訪れた。関

旧関川家別荘外観 関川家は、松前藩の御用商人として名字帯刀を許されていた。広大な庭には、樹齢200年以上といわれる古木がそびえる。

川家は、一七世紀末から一九世紀末に至る二〇〇年にわたり、松前藩きっての豪商として江差で廻船問屋を営んでいた。最盛期には何隻もの北前船を所有して本州各地との交易事業を拡大していったという。

豊かな財力をもつ関川家は、幕末期に灯台を設置したり、明治以降には小学校や公立病院に寄付するなど、江差の町づくりにも貢献したといわれる。関川家代々の主人は、俳句を詠むなど、文化人との交流も盛んに行った。

いま、その関川家が別荘とした屋敷は、資料館として開放されている。そこには、最盛期のころの様子を伝える貴重な古文書や調度品が保存・公開されている。

さまざまなものが所狭しと置かれている資料館で、私の目を引いたのは、ひとつの広告看板であった。そこには、次のようなことが書かれていた。

震災義捐金募集広告

人間悲惨の事多しと雖も、未だ去る十月二十八日の震災の如き甚だしきものはあらず。而して其の中心たる岐阜愛知両県下の如きは、到る処、地裂け水溢れ人畜死傷し其の惨況歴々新聞紙にあり、諸君のすでに熟知するところなり。今試みに両県下の戸数人口や其の罹災数とをあげれば、

愛知県

戸数三拾二万六千八百四十六戸の内、

全潰四萬(ママ)千四百九十九戸

半潰拾万三千三百四十一戸、

人口百四十四万四千十一人の内、

死亡二千三百五十一人、

負傷二千九百三十一人

岐阜県

戸数拾八万二千四百九十九戸の内

全潰四万四百七十四戸
半潰壱万一千四百六十四戸
人口九拾一万六千三百三十四人の内
死亡五千四百七十三人
負傷六千五百二十七人

嗚呼誰か此の惨酷なる悲境を想像して為に流涕痛哭せざらんや。故に全国各地の慈善家は各々奮って義捐金を出せり。我が江差港の仁恵なる有志諸君願くは左の方法により多少の金圓を恵投して以て罹災者及び其の遺族の道路に呻吟彷徨せるものを救恤せよと云称

一義捐金取扱事務所は姥神町関川茂平方に設く
一義捐金は一口金拾銭已上とす
一義捐金募集期限は十一月三十日とす
明治二十四年十一月　　　発起人（以下、十八名の名）

震災の義捐金を募集するための広告看板である。東日本大震災の体験がなかったら、見過ごしてしまった資料かもしれない。内容が文語体でいささか読みにくいと思われるので、簡単に現代語訳

してみよう。

［現代語訳］

人間にとって悲惨なことは数多いといっても、去る一〇月二八日に起こった震災ほど甚だしいものはない。被害の中心であった岐阜県・愛知県の両県下の場合は、至るところ、地が裂け水が溢（あふ）れ、人間や家畜が死傷し、その悲惨な状況は新聞に書かれていて、諸君のよく知るところである。いま試みに両県下の戸数人口やその被害状況を挙げれば、次のごとくである。

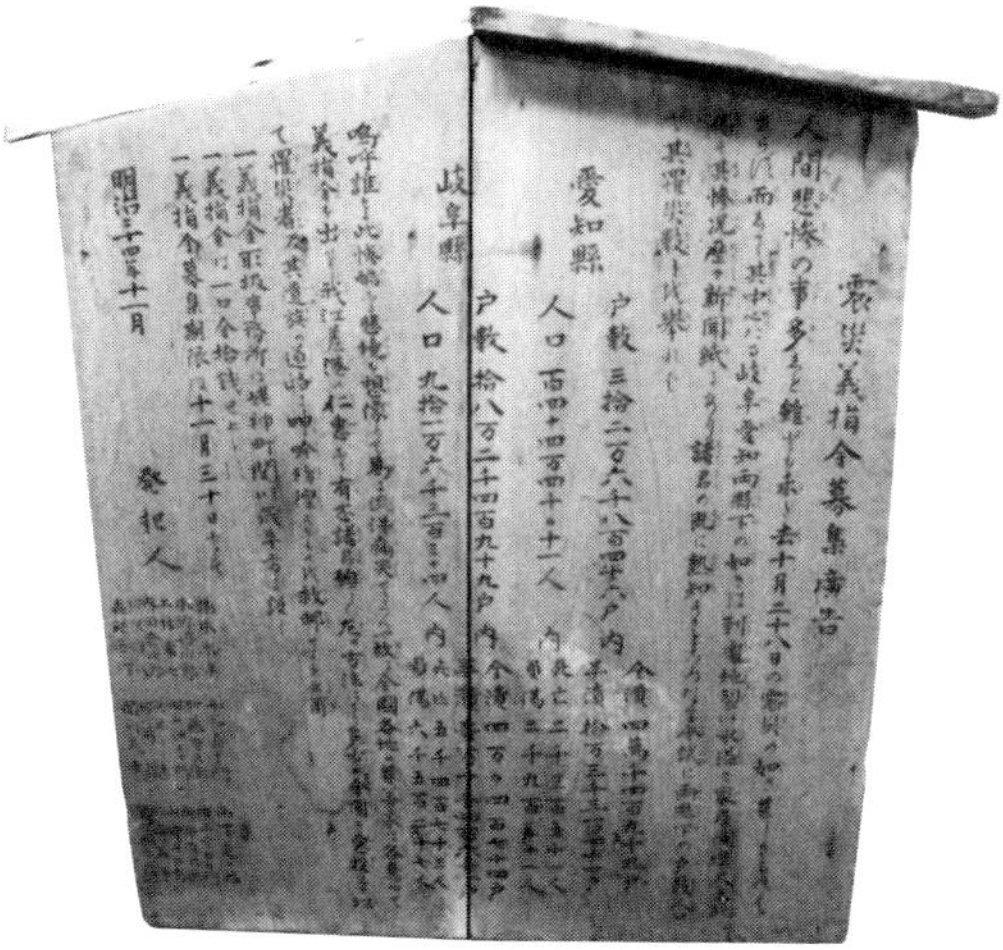

震災義捐金募集広告　明治24年（1891）に愛知県と岐阜県で起こった地震のために、北海道の江差で義捐金を募集した際の立札。

愛知県

戸数三二万六八四六戸のうち、全壊四万一四九九戸、半壊一〇万三三四一戸

人口一四四万四〇一一人のうち、死者二三五一人、負傷者二九三一人

岐阜県
戸数一八万二四九九戸のうち、全壊四万四七四戸、半壊一万一四六四戸
人口九一万六三三四人のうち、死者五四七三人、負傷者六五二七人

ああ！　いったい誰がこの悲惨で残酷な状況を想像して、涙を流さない者がいるだろうか？　故に、全国各地の慈善家はおのおの奮って義捐金を出した。わが江差港の恵み深い有志諸君よ、願わくは左の方法により多少のお金を寄付して被災者及びその遺族が路頭に迷うことのないよう、救済しようではないか。

一つ、義捐金取扱事務所は姥神（うばがみ）町の関川茂平方に設ける
一つ、義捐金は一口金一〇銭以上とする
一つ、義捐金募集期限は一一月三〇日とする
明治二四年一一月　　発起人（以下、一八名の名）

阪神・淡路大震災（一九九五年）、中越地震（二〇〇四年）、東日本大震災（二〇一一年）、熊本地震（二〇一六年）といった大規模な自然災害が起こった際に、全国から多くの義捐金が集まったことは記憶に新しいが、それよりも一〇〇年以上前の明治二四年（一八九一）に、大地震の被災者

に対する義捐金募集が行われていたことを示す看板である。しかも、遠く離れた北海道の地で、愛知県と岐阜県の被災者を救済するための義捐金が集められていたことは、私にとっていささか衝撃的であった。

遠方の被災者の支援活動に乗り出した人びと

明治二四年一〇月二八日に起こった濃尾地震は、近代に入って日本が遭遇した初めての巨大地震であった。震源地は岐阜県西部で、地震の規模を示すマグニチュードは八・〇。震源地の断層付近や濃尾平野北西部では震度七に匹敵する非常に強い揺れとなった。東北地方南部から九州地方まで揺れが起こったが、とりわけ岐阜県と愛知県が大きな被害に遭ったのである。

関川家に残る義捐金募集の看板には、愛知県と岐阜県の被害状況のデータが記されている。明治二四年一一月一七日の『官報』には、一一月一一日調査の被害数値が記されている。それによると、岐阜県は「全壊四万二九四五戸、半壊一万五六〇六戸、死者四九〇一名、負傷者七九六七名」愛知県は「全壊三万四五八〇戸、半壊二万三九六八戸、死者二四五九名、負傷者六七三六名」とあり、看板に書かれている数値とは若干の異同がある。看板に書かれた数値は、ある時点での被害状況を示すもので、もちろん最終的な数値ではないのだろう。

明治政府は明治一三年に備荒儲蓄金(びこうちょちくきん)制度を設け、自然災害に罹災した社会と人を救済するための資金を確保していた。また、天皇から下賜される恩賜金も災害の救済にあてられた。

こうした公的資金のほかに、民間の義捐金が被災者救済に大きな役割を果たした。すでに明治二一年の福島県磐梯山（ばんだいさん）の噴火の際には、県の備荒儲蓄金を上回る額の義捐金が集まったという。そのときに大きな役割を果したのが、新聞による呼びかけだったのである。

濃尾地震の際には、さらに多くの新聞社が全国的な義捐金募集の呼びかけを行った。濃尾地震の被害の情報が短期間で全国に広まったのは、新聞の読者層が各地に広く存在していたことを示している。

地震が起こった直後に、全国で義捐金の募集を呼びかけるようになったのは、この濃尾地震が最初であるといってよいだろう。そして私が関川家で見た看板は、そのときの様子を生々しく伝える第一級の歴史資料なのである。

もちろん、新聞などの情報により、遠く離れた江差の人たちが義捐金募集に立ち上がったのであろうことは想像できるが、関川家が募集の事務所になっていることを考えると、もう少し別の想像も広がってくる。

最初に述べたように、江差の関川家は、一七世紀末から一九世紀末に至る二〇〇年にわたり、松前藩きっての豪商として江差で廻船問屋を営んでいた。最盛期には何隻もの北前船を所有して本州各地との交易を行っていたのである。商売を通じて各地との交流が背景となり、遠隔地の災害への関心を寄せたのではないだろうか。けっして自分とは無関係な土地ではないという意識が、義捐金募集に駆り立てたような気がしてならないのである。

大げさなことをいえば、明治二四年の濃尾地震は、いわゆる近代の国民国家形成のひとつの転機になったとも考えられる。さらにその三年後の明治二七年に起こった日清戦争、それに続く日露戦争(明治三七年)は、国民意識の形成に拍車をかけていったのである。

巨大地震は、私たちに時代の変化を予感させる出来事として、つねに歴史のなかに横たわる。東日本大震災を体験した私たちも、これからの時代の変化を予感しているのかもしれない。歴史学は、その意識のメカニズムを明らかにしていかなければならないと思う。

おわりに——本書の舞台裏

本書は、小学館が開設しているインターネットサイト「BOOK PEOPLE」に、三一回にわたって連載した「日本史の迷宮」(二〇一六年一〇月一二日より二〇一八年三月二八日まで、月二回連載)を書籍化したものである。書籍化にあたっては、章立てを組み替え、若干の加筆修正をしたほか、新稿を加えた。

『Jr.日本の歴史2　都と地方のくらし　奈良・平安時代』(小学館、二〇一〇年)を書いたことがご縁で、小学館の掛川竜太郎さんから、「また一緒に本をつくりましょう」と言われたのが、本書誕生のきっかけである。当初はいろいろな企画案が考えられたが、どれも自分には手に余るテーマばかりで、なかなか企画が進まずにいた。あまり気負うことをせず、自分がこれまでかかわってきた研究を、エッセイの形でまとめることなら書けそうだと言ったところ、「それで行きましょう」ということになり、このような形でまとまることとなった。掛川さんの熱意がなければ、本書は完成しなかっただろう。なお、本書の編集にあたっては、敬文舎の阿部いづみさんにご尽力いただいた。記して感謝申し上げる。

本書は読んでいただいておわかりのように、特定の時代について語ったものでもなければ、古い時代から新しい時代へと通史的に語ったものでもない。取り上げる時代はバラバラであり、ひとつの話のなかでも、古代と現代が入り交じっていたりする。本書でこだわったのは、残されたモノから歴史を見つめることにより、そこから豊かな歴史の広がりが実感できることを示すことであった。身近にあるモノや、しきたりや、儀式や、言説など、あたりまえのように存在しているものにもすべて、歴史がある。つまりすべてが、歴史研究の対象となりうるのである。そう考えたとき、歴史は他人事ではなく、自分のこととして目の前に立ちあらわれてくるのではないだろうか。

歴史を見つめることは、いまを見つめることにつながり、いまを見つめることは、歴史を見つめることにもつながる。過去と現在を行ったり来たりしながら、私たちが生きる未来の社会に思いをいたす。本書を読んで、そんなことを感じていただけたなら、これに勝る喜びはない。

［参考文献］

第一章　歴史の断片から、いにしえ人の暮らしと心をよむ

・『甲斐黒川金山』黒川金山遺跡研究会・塩山市・塩山市教育委員会、一九九七年
・今村啓爾『戦国金山伝説を掘る』平凡社選書、一九九七年
・三上喜孝『落書きに歴史をよむ』吉川弘文館、歴史文化ライブラリー、二〇一四年
・『山形県埋蔵文化財センター調査報告書第180集　亀ヶ崎城跡第4・5次発掘調査報告書』財団法人山形県埋蔵文化財センター、二〇〇九年
・三上喜孝「中近世における砂糖の容器と贈答―山形県・亀ヶ崎城跡出土木簡「さたう一斤」から発して」伊藤清郎編『最上氏と出羽の歴史』高志書院、二〇一四年
・三上喜孝「中世の砂糖贈答に関する二、三の史料」『村山民俗』三〇、二〇一六年
・小倉慈司・三上喜孝編『国立歴史民俗博物館研究叢書4　古代日本と朝鮮の石碑文化』朝倉書店、二〇一八年
・義江明子『日本古代の氏の構造』吉川弘文館、一九八六年

第二章　時空を越えて、歴史は再生産される

・三上喜孝「山形大学小白川図書館所蔵「物部守屋大連之碑」拓本について」『山形大学歴史・地理・人類学論集』一四、二〇一三年
・市村幸夫「明治の字彫り職人―宮亀年を中心にして―」『山形民俗』一四、二〇〇〇年
・東野治之『貨幣の日本史』朝日新聞社、一九九七年
・植村峻『紙幣肖像の近現代史』吉川弘文館、二〇一五年
・栄原永遠男「銭は時空をこえる―銭貨の境界性―」国立歴史民俗博物館編『お金の不思議　貨幣の歴史学』山川出版社、一九九八年
・山中恒『ボクラ少国民』辺境社、一九七四年
・江上波夫・佐原真『騎馬民族は来た!?来ない?!』小学館、一九九〇年
・江上波夫『騎馬民族国家』中公新書、一九六七年
・佐原真『騎馬民族は来なかった』ＮＨＫブックス、一九九三年
・『騎馬文化と古代のイノベーション』KADOKAWA、二〇一六年

・菊地勇夫「義経『蝦夷征伐』物語の生誕と機能―義経入夷伝説批判」『史苑』四二巻一～二、一九八二年
・森村宗冬『義経伝説と日本人』平凡社新書、二〇〇五年
・原田信男『義経伝説と為朝伝説―日本史の北と南』岩波新書、二〇一七年
・武田幸男『広開土王碑墨本の研究』吉川弘文館、二〇〇九年
・李成市「表象としての広開土王碑文」『闘争の場としての古代史　東アジア史のゆくえ』岩波書店、二〇一八年
・三上喜孝「再生産される広開土王碑」『歴博』一九五、二〇一六年
・武田幸男「広開土王碑『山形大学本（第Ⅲ面）』調査概報」『山形大学歴史・地理・人類学論集』一三、二〇一二年
・浜田耕策「故足立幸一氏寄贈の京都府立福知山高校所蔵の広開土王碑拓本について」（『学習院大学東洋文化研究所調査研究報告』二四、一九九〇年
・武田幸男「広開土王碑「田山花袋本」の研究」『田山花袋記念文学館研究紀要』二八、二〇一六年
・前澤和之「広開土王碑「田山花袋本」の発掘」『田山花袋記念文学館研究紀要』二八、二〇一六年

第三章　災害や自然環境の変化が、人びとの意識を変える

・三上喜孝「古代日本の境界意識と信仰―古代北方地域の事例を中心に―」竹田和夫編『古代・中世の境界意識と文化交流』勉誠出版、二〇一一年
・北原糸子編『日本災害史』吉川弘文館、二〇〇六年

写真所蔵・協力

若松寺	p. 21
天童市教育委員会／若松寺	p. 22
天童市教育委員会／若松寺	p. 25
天童市教育委員会／若松寺	p. 30
曽於市教育委員会	p. 32
撮影：三上喜孝	p. 34
山形県教育委員会	p. 40
山形県教育委員会	p. 44
北広島町教育委員会	p. 44
山形県教育委員会	p. 57
撮影：三上喜孝	p. 58
山形県教育委員会	p. 64
広島県立歴史博物館	p. 66
イラスト作成：オフィスザッソ	p. 67
高崎市教育委員会	p. 73
高崎市教育委員会	p. 79
高崎市教育委員会	p. 86
いわき市教育委員会	p. 90
香川県立ミュージアム	p. 93
滋賀県立近代美術館	p. 99
愛媛県美術館	p.104
山形大学小白川図書館	p.108
山形大学小白川図書館	p.113
撮影：三上喜孝	p.118
@shogakukan	p.122
京都大学文化財総合研究センター	p.125
撮影：三上喜孝	p.127
撮影：三上喜孝	p.128
撮影：三上喜孝	p.129
東京大学史料編纂所所蔵模写	p.131
日本銀行金融研究所貨幣博物館	p.137
日本銀行金融研究所貨幣博物館	p.140
撮影：稲田奈津子	p.168

p.171　韓国国立中央博物館
p.174　山形大学小白川図書館
p.183　田山花袋記念文学館／提供：前澤和之
p.184　田山花袋記念文学館／撮影：稲田奈津子
p.185　田山花袋記念文学館／提供：前澤和之
p.190　東北歴史博物館
p.206　静岡県立中央図書館歴史文化情報センター
p.208　「鳥海山火山防災マップ」より／協力：遊佐町
p.219　小学館刊「日本大百科全書」より／© 大片忠明
p.220　秋田県埋蔵文化財センター
p.222　秋田県埋蔵文化財センター
p.231　奈良県立橿原考古学研究所
p.242　撮影：三上喜孝／協力：江差町
p.245　撮影：三上喜孝／協力：江差町

STAFF

装丁・本文デザイン　竹歳明弘（STUDIO BEAT）
図版作成　タナカデザイン
鳥海稚子（オフィスザッソ）
島袋伊代（オフィスザッソ）
編集協力　阿部いづみ（敬文舎）
校　正　櫻井健司（コトノハ）
兼古和昌

販　売　鈴木敦子
宣　伝　野中千織
制　作　望月公栄
斉藤陽子
編　集　掛川竜太郎

【著者略歴】
三上喜孝（みかみ　よしたか）
1969年東京生まれ。1998年東京大学大学院人文社会系研究科博士課程単位取得退学。博士（文学）。山形県立米沢女子短期大学講師、山形大学人文学部准教授を経て、国立歴史民俗博物館教授。主な著書に、『日本古代の貨幣と社会』（吉川弘文館、2005年）、『Jr. 日本の歴史2　都と地方のくらし　奈良時代から平安時代』（共著、小学館、2010年）、『日本古代の文字と地方社会』（吉川弘文館、2013年）、『落書きに歴史をよむ』（吉川弘文館、2014年）がある。

天皇はなぜ紙幣に描かれないのか
教科書が教えてくれない日本史の謎30

2018年9月10日　初版第一刷発行

著　者　三上喜孝
発行人　金川　浩
発行所　**株式会社小学館**
〒101-8001 東京都千代田区一ツ橋2－3－1
電話　編集／03-3230-5637
販売／03-5281-3555
ＤＴＰ　**株式会社敬文舎**
印刷所　**萩原印刷株式会社**
製本所　**株式会社若林製本工場**

ISBN978-4-09-388639-0